CONTROLE DE RISCOS OCUPACIONAIS NA INDÚSTRIA 4.0

CONTROLE DE RISCOS OCUPACIONAIS NA INDÚSTRIA 4.0

- CARLOS MARIOTTONI
- ALEXANDRE CAVALIÉRI
- JANAINA LEMOS

ALTA BOOKS
EDITORA

Rio de Janeiro, 2021

Controle de Riscos Ocupacionais na Indústria 4.0
Copyright © 2021 da Starlin Alta Editora e Consultoria Eireli.
ISBN: 978-65-5520-614-2

Todos os direitos estão reservados e protegidos por Lei. Nenhuma parte deste livro, sem autorização prévia por escrito da editora, poderá ser reproduzida ou transmitida. A violação dos Direitos Autorais é crime estabelecido na Lei nº 9.610/98 e com punição de acordo com o artigo 184 do Código Penal.

A editora não se responsabiliza pelo conteúdo da obra, formulada exclusivamente pelo(s) autor(es).

Marcas Registradas: Todos os termos mencionados e reconhecidos como Marca Registrada e/ou Comercial são de responsabilidade de seus proprietários. A editora informa não estar associada a nenhum produto e/ou fornecedor apresentado no livro.

Impresso no Brasil — 1ª Edição, 2021 — Edição revisada conforme o Acordo Ortográfico da Língua Portuguesa de 2009.

Erratas e arquivos de apoio: No site da editora relatamos, com a devida correção, qualquer erro encontrado em nossos livros, bem como disponibilizamos arquivos de apoio se aplicáveis à obra em questão.

Acesse o site www.altabooks.com.br e procure pelo título do livro desejado para ter acesso às erratas, aos arquivos de apoio e/ou a outros conteúdos aplicáveis à obra.

Suporte Técnico: A obra é comercializada na forma em que está, sem direito a suporte técnico ou orientação pessoal/exclusiva ao leitor.

A editora não se responsabiliza pela manutenção, atualização e idioma dos sites referidos pelos autores nesta obra.

Produção Editorial
Editora Alta Books

Gerência Comercial
Daniele Fonseca

Editor de Aquisição
José Rugeri
acquisition@altabooks.com.br

Produtores Editoriais
Illysabelle Trajano
Maria de Lourdes Borges
Thales Silva
Thiê Alves

Marketing Editorial
Livia Carvalho
Gabriela Carvalho
Thiago Brito
marketing@altabooks.com.br

Equipe de Design
Larissa Lima
Marcelli Ferreira
Paulo Gomes

Diretor Editorial
Anderson Vieira

Coordenação Financeira
Solange Souza

Assistente Editorial
Mariana Portugal

Equipe Ass. Editorial
Brenda Rodrigues
Caroline David
Luana Rodrigues
Raquel Porto

Equipe Comercial
Adriana Baricelli
Daiana Costa
Fillipe Amorim
Kaique Luiz
Victor Hugo Morais
Viviane Paiva

Atuaram na edição desta obra:

Revisão Gramatical
Carol Oliveira
Alessandro Thomé

Capa
Marcelli Ferreira

Layout e Diagramação
Joyce Matos

Ouvidoria: ouvidoria@altabooks.com.br

Editora afiliada à:

Dados Internacionais de Catalogação na Publicação (CIP) de acordo com ISBD

C376c   Cavaliéri, Alexandre
          Controle de Riscos Ocupacionais na indústria 4.0 / Alexandre Cavaliéri, Carlos Mariottoni, Janaina Lemos. - Rio de Janeiro : Alta Books, 2021.
          256 p. ; 17cm x 24cm.

          Inclui índice, bibliografia e apêndice.
          ISBN: 978-65-5520-614-2

          1. Indústria. 2. Segurança do trabalho. 3. Tecnologia. I. Mariottoni, Carlos. II. Lemos, Janaina. III. Título.

2021-3539   CDD 338
                                             CDU 331

Elaborado por Odilio Hilario Moreira Junior - CRB-8/9949

Rua Viúva Cláudio, 291 — Bairro Industrial do Jacaré
CEP: 20.970-031 — Rio de Janeiro (RJ)
Tels.: (21) 3278-8069 / 3278-8419
www.altabooks.com.br — altabooks@altabooks.com.br

PREFÁCIO

É com grande entusiasmo que escrevo sobre esta obra moderna e atual que destaca a segurança em máquinas e equipamentos apresentando os conceitos de forma clara e didática.

Tive a oportunidade de trocar experiências profissionais com os autores durante minha vida acadêmica e profissional e ressalto o comprometimento deles com a produção de conteúdo de qualidade, embasados na excelência da formação de cada um deles e no compromisso com a gestão de risco ocupacional com ênfase na proteção de máquinas e equipamentos.

Esta obra cumpre com o objetivo de fornecer uma visão geral sobre controle de riscos ocupacionais na Indústria 4.0, levando em consideração as especificações dos sistemas de proteções por intermédio de normas nacionais e internacionais.

Em função dos avanços tecnológicos, os processos, as máquinas e os equipamentos passaram por grandes modificações, e, consequentemente, novos riscos surgiram. Nesta leitura, os autores pontuam de forma organizada e clara os tópicos de segurança mais relevantes na era da Indústria 4.0.

A obra é indicada para estudantes de engenharia, engenheiros, tecnólogos e técnicos das diversas áreas, no intuito de que enriqueçam seus conhecimentos e se conscientizem da importância da especificação correta dos requisitos de segurança para garantir a integridade física dos trabalhadores por meio dos avanços tecnológicos desta nova era.

Ao longo dos capítulos, apreciamos o contínuo esforço dos autores para retratar as questões acerca dos requisitos de segurança, graças à vasta experiência e excelência profissional que carregam.

Registro estas palavras tendo em mente o profundo respeito que senti ao longo do livro para com os leitores, demostrando, mais uma vez, o cuidado dos autores com a qualidade do ensino de excelência.

Enfim, recebi com muita satisfação o honroso convite para ser um dos primeiros leitores desta obra e venho convidá-lo, caro leitor, para se deleitar com a leitura desta importante obra.

Prof. Joubert R.S. Júnior

Coordenador do curso de Especialização em Engenharia de Segurança do Trabalho — PUC Campinas

APRESENTAÇÃO

A Indústria 4.0 ou manufatura avançada representa a necessidade de inovação para modernização do processo fabril, tornando a produtividade mais ágil. Para que isso ocorra, o emprego do robô colaborativo deixou de ser utopia. Para o engenheiro, especialista em segurança do trabalho moderno, o robô colaborativo é um grande benefício que ajudará o funcionário no momento de manipular equipamentos pesados ou realizar movimentos repetitivos, prevenindo doenças do trabalho como a lesão por esforço repetitivo (LER) e o distúrbio osteomuscular relacionado ao trabalho (DORT).

É verdade que a indústria do futuro está em pleno vapor e que a sociedade testemunha esse acontecimento na prática com máquinas que operam 24 horas por dia, mesmo sem ninguém por perto. Desta forma, surge uma nova grande preocupação para o engenheiro de segurança do trabalho, que é a construção desse novo ambiente de trabalho onde homem e máquina dividem tarefas, respeitando as exigências das normas de segurança para tornar confiável o trabalho com o robô e uma nova visão com relação à ergonomia no que trata da postura adequada sobre como agir com o robô colaborativo, evitando o aparecimento de novas doenças e acidentes de trabalho em função dessa interação entre homem e máquina.

Também é necessário apreciar os riscos inerentes a esse novo ambiente de trabalho, para prevenir acidentes e, assim, evitar depreciações, atrasos na flexibilidade tão sonhada e doenças em um momento em que se torna cada vez mais importante a continuidade do desenvolvimento tecnológico e o crescimento profissional, pessoal e salutar de todos os envolvidos.

Este livro é destinado aos pós-graduados em Engenharia de Segurança do Trabalho, aos estudantes de Engenharia, aos profissionais de segurança do trabalho, engenheiros e técnicos e também para uso como livro didático para aprendizado e pesquisa no estudo e aplicação das normas técnicas, que são materiais de grande importância, além de ser um norte e um guia para a construção e aplicação de um padrão de segurança no trabalho.

Os autores

SOBRE OS AUTORES

ALEXANDRE L. F. CAVALIÉRI é pós-graduado em Engenharia de Segurança do Trabalho pela Faculdade de Engenharia Civil da UNICAMP, pós-graduando em Eletrônica e Eletromecânica, graduado em Engenharia Elétrica pela UNISAL de Campinas, tem formação técnica em Mecânica pelo Colégio Técnico da UNICAMP e é certificado CMSE — Certified Machinery Safety Expert, pela TUV NORD. Trabalhou em empresas de grande porte desde sua formação técnica e é engenheiro técnico da CAVAZANI Engenharia, Saúde e Segurança do Trabalho. Presta também serviços em segurança do trabalho e projetos eletrônicos.

CARLOS ALBERTO MARIOTTONI é Ph.D. em Engenharia Elétrica e Energia pela University of Southampton, Inglaterra, mestre em Engenharia Elétrica e Energia pela USP, engenheiro eletricista pela UNICAMP e engenheiro de segurança do trabalho pela UNICAMP/FUNDACENTRO. Foi professor titular da UNICAMP até 2019, professor e pesquisador nas áreas multidisciplinares da UNICAMP em Engenharia de Segurança Trabalho, em Energia e Engenharia, de 1973 a 2019. Foi diretor do Núcleo de Energia da UNICAMP, conselheiro do CREA–SP, do Instituto de Engenharia — IE–SP, da FAEASP–SP, do NIPE, do CEPETRO e da AEAC. Também foi assessor da reitoria da UNICAMP, consultor da Capes, Fapesp, Secretaria da Educação do Estado de São Paulo e Faepex. Atualmente é professor colaborador da UNICAMP e coordenador do curso de Engenharia de Segurança do Trabalho FEC-UNICAMP.

JANAÍNA CONCEIÇÃO SUTIL LEMOS é graduada em Engenharia em Sistemas Digitais pela Universidade Estadual do Rio Grande do Sul (UERGS), tem especialização em Engenharia de Segurança do Trabalho pela Universidade Estadual de Campinas (UNICAMP) e mestrado em Computação Aplicada pela Universidade do Vale do Rio dos Sinos (UNISINOS–RS). Cursa doutorado em Engenharia e Gestão Industrial na Universidade da Beira Interior (Covilhã, Portugal), onde desenvolve pesquisa na área de Segurança Ocupacional com foco na Indústria.4.0. Tem ampla experiência em desenvolvimento de software para equipamentos voltados à segurança funcional e é professora da Escola Politécnica da Universidade do Vale do Rio dos Sinos (UNISINOS–RS) desde 2014.

DEDICATÓRIA

Este trabalho tem por objetivo principal fornecer ao engenheiro, técnico, acadêmico e demais interessados uma visão geral sobre a segurança do trabalho com máquinas e equipamentos.

Desta forma, dedicamos este livro ao profissional que busca, na área de segurança de trabalho, atuar de forma concreta com foco no maior patrimônio que toda empresa tem: seus trabalhadores.

Os autores

AGRADECIMENTOS

Este trabalho foi desenvolvido com muito esforço, estudo, dedicação e apoio dos professores Dr. Carlos Alberto Mariotoni (UNICAMP) e Dr. Joubert R. Junior (UNICAMP – PUCCAMP), a quem agradeço muitíssimo.

Nada seria possível sem o apoio de minha esposa, Alessandra, a quem agradeço com muito carinho e toda sinceridade por ser uma companheira de todos os dias. Exemplo de empenho e determinação ao trabalho, quando atuou como médica funcionária pública, hoje aposentada. Mesmo com a saúde debilitada há mais de cinco anos, sempre me apoiou ao me fazer crer que existe algo maior que a própria vida, uma fonte de amor inesgotável que tudo perdoa e ampara.

Alexandre

Agradeço a Deus, que, na sua infinita bondade, me proporciona saúde e disposição para realizar meus sonhos. Tenho imensa gratidão por todas as oportunidades que Ele tem concedido.

Ao meu pai, Lindomar, *in memorian*, por todo amor, dedicação e pelos valores que me ensinou nos poucos anos que convivemos.

À minha mãe, Vera, que sempre está ao meu lado, me apoia em todos os projetos e se alegra com cada conquista.

À Dalva, grande amiga da minha família há mais de quarenta anos, pelo amor, pela dedicação e pelas palavras de conforto e de esperança proferidas nos momentos mais difíceis.

Aos amigos e amigas que me inspiram sempre e que me confortam quando mais preciso.

Aos professores Joubert Rodrigues dos Santos Jr. e Carlos Alberto Mariottoni, do curso de Especialização em Engenharia de Segurança do Trabalho da UNICAMP, pela excelente formação proporcionada e por todo apoio.

Aos professores da Universidade Estadual do Rio Grande do Sul — UERGS e da Universidade do Vale do Rio dos Sinos — UNISINOS, onde concluí minha graduação e meu mestrado, respectivamente, pela formação de qualidade que me proporcionaram.

Janaína

Dedico *in memorian* esta obra aos meus amados e inesquecíveis pais, Nercy e Darcy Mariottoni.

Agradeço o apoio e carinho de minha "little family": Marili, Thiago, Karina, Renato e Luciana, alicerce e pilares de minha construção de vida.

Agradeço a amizade e a parceria leal e efetiva do amigo Joubert, sempre lado a lado na labuta acadêmico-científica.

Agradeço a Deus pela proteção na jornada profissional e pelas bênçãos nas escolhas dos caminhos traçados.

Carlos

LISTA DAS PRINCIPAIS ABREVIATURAS E SIGLAS

ABNT	Associação Brasileira de Normas Técnicas
HG	Hand Guiding
ILO	International Labor Organization
INSS	Instituto Nacional do Seguro Social
IT	Instrução Técnica
NBR	Norma Brasileira Registrada
NR	Norma Regulamentadora
OIT	Organização Internacional do Trabalho
PFL	Power and Force Limiting
PIB	Produto Interno Bruto
PTS	Projeto Técnico Simplificado
SMS	Safety-rated Monitored Stop
SSM	Speed and Separation Monitoring

NORMAS REGULAMENTADORAS DO BRASIL

NR 1 — Disposições Gerais e Gerenciamento de Riscos Ocupacionais

NR 2 — Inspeção Prévia (Revogado)

NR 3 — Embargo ou Interdição

NR 4 — Serviços Especializados em Engenharia de Segurança e em Medicina do Trabalho (SESMT)

NR 5 — Comissão Interna de Prevenção de Acidentes (CIPA)

NR 6 — Equipamento de Proteção Individual

NR 7 — Programa de Controle Médico de Saúde Ocupacional

NR 8 — Edificações

NR 9 — Avaliação e Controle das Exposições Ocupacionais a Agentes Físicos, Químicos e Biológicos

NR 10 — Instalações e Serviços em Eletricidade

NR 11 — Transporte, Movimentação, Armazenagem e Manuseio de Materiais

NR 12 — Segurança no Trabalho em Máquinas e Equipamentos

NR 13 — Caldeiras e Vasos de Pressão e Tubulações e Tanques Metálicos de Armazenamento

NR 14 — Fornos

NR 15 — Atividades e Operações Insalubres

NR 16 — Atividades e Operações Perigosas

NR 17 — Ergonomia

NR 18 — Segurança e Saúde no Trabalho na Indústria da Construção

NR 19 — Explosivos

NR 20 — Segurança e Saúde no Trabalho com Inflamáveis e Combustíveis

NR 21 — Trabalhos a Céu Aberto

NR 22 — Segurança e Saúde Ocupacional na Mineração

NR 23 — Proteção contra Incêndios

NR 24 — Condições Sanitárias e de Conforto nos Locais de Trabalho

NR 25 — Resíduos Industriais

NR 26 — Sinalização de Segurança

NR 27 — Registro Profissional do Técnico de Segurança do Trabalho no Ministério do Trabalho (Revogada)

NR 28 — Fiscalização e Penalidades

NR 29 — Norma Regulamentadora de Segurança e Saúde no Trabalho Portuário

NR 30 — Segurança e Saúde no Trabalho Aquaviário

NR 31 — Segurança e Saúde no Trabalho na Agricultura, Pecuária, Silvicultura, Exploração Florestal e Aquicultura

NR 32 — Segurança e Saúde no Trabalho em Estabelecimentos de Saúde

NR 33 — Segurança e Saúde no Trabalho em Espaços Confinados

NR 34 — Condições e Meio Ambiente de Trabalho na Indústria da Construção e Reparação e Desmonte Naval

NR 35 — Trabalho em Altura

NR 36 — Segurança e Saúde no Trabalho em Empresas de Abate e Processamento de Carnes e Derivados

NR 37 — Segurança e Saúde em Plataformas de Petróleo

SUMÁRIO

CAPÍTULO 01. Introdução — 1

CAPÍTULO 02. Normas brasileiras e internacionais relacionadas com os sistemas robóticos — 29

CAPÍTULO 03. Normas e requisitos para as aplicações robóticas colaborativas seguras — 35

CAPÍTULO 04. Relacionamento entre normas para apreciação de risco em aplicações com robô colaborativo — 43

CAPÍTULO 05. Hierarquia das Normas — 53

CAPÍTULO 06. Classificação da Normas — 59

CAPÍTULO 07. Apreciação de Riscos — 63

CAPÍTULO 08. Categoria de Risco — 79

CAPÍTULO 09. Identificação de Risco — 93

CAPÍTULO 10. ISO 13849-1 — 103

CAPÍTULO 11. IEC 62061 — 125

CAPÍTULO 12.	Informações sobre a norma ABNT NBR ISO 10218	137
CAPÍTULO 13.	ISO/TS 15066:2016	147
CAPÍTULO 14.	Questões relacionadas à apreciação de riscos para robôs colaborativos	169

CONCLUSÃO 211

BIBLIOGRAFIA 213

APÊNDICE A. Exercícios Propostos 217

ÍNDICE 231

01

INTRODUÇÃO

OBJETIVOS

Este capítulo faz uma introdução aos principais temas da Indústria 4.0 como manufatura avançada, robótica, manufatura aditiva, Internet das Coisas (IoT), cibersegurança, simulação, *Big Data*, computação nas nuvens, sistemas integrados, realidade aumentada, gêmeos digitais e robótica.

De acordo com as organizações relacionadas a área de Segurança do Trabalho, tanto nacionais como internacionais, cerca de 2,8 milhões de pessoas morrem anualmente no mundo em decorrência de doenças ou de acidentes relacionados ao trabalho.

O Instituto Nacional do Seguro Social (INSS) publicou dados sobre as despesas geradas por esse problema, que já somam cerca de R$16 bilhões em 11 anos.

Segundo a Organização Internacional do Trabalho (OIT), o número de acidentes laborais não mortais atinge 317 milhões de trabalhadores por ano em todo o mundo. Já em relação ao número de pessoas com doenças não letais relacionadas ao trabalho, são cerca de 160 milhões. Esse número representa algo como uma morte por acidente laboral ou doença ocupacional e 115 acidentes no ambiente trabalho a cada 15 segundos.

De acordo com o Portal da Câmara dos Deputados (BRASIL, 2014), o Brasil está em quarto lugar no *ranking* mundial de acidentes de trabalho fatais, sendo que o pagamento dos benefícios previdenciários e acidentários para os segurados e dependentes consomem 90% dos recursos do INSS. O benefício pago é da espécie B31, que não é decorrente de acidente de trabalho e abrange o auxílio-doença e a aposentadoria por invalidez.

O INSS contabiliza aproximadamente 700 mil acidentes de trabalho a cada ano no Brasil, dos quais quase 3 mil resultam em morte de trabalhadores. Esse indicador, contudo, está muito distante do número efetivo de vítimas, já que os dados divulgados pelo INSS cobrem somente os trabalhadores segurados.

INTRODUÇÃO

Diante desses números, é importante destacar que a inserção de novos ambientes de trabalho com novos equipamentos — como o robô colaborativo — pode diminuir o número de acidentes e doenças do trabalho.

1.1 INDÚSTRIA 4.0 OU MANUFATURA AVANÇADA

O tema manufatura avançada ou Indústria 4.0 refere-se à 4ª Revolução Industrial, caracterizada pela integração e o controle remoto da produção a partir de sensores e equipamentos conectados em rede (sistemas de automação associados a sistemas ciberfísicos).

Nessas indústrias inteligentes, linhas de montagem e produtos "conversam" ao longo do processo de fabricação e de produção. Unidades em diferentes lugares também trocam informações de forma instantânea sobre compras e estoques. Segundo um estudo da consultoria americana Gartner (citado por COSTA; STEFANO, 2014) em muitos países da Europa, a expectativa é a de que em um futuro tecnológico próximo, sem a interferência de funcionários, as máquinas fabricarão continuamente e sob medida — e com um baixíssimo índice de defeitos — diferentes componentes encomendados pelo sistema logístico.

O cruzamento de informações possibilita conectar o pedido de compra, a produção e a distribuição, não dependendo apenas de pessoas para a tomada de decisões e exigindo novas formas de gestão e engenharia em toda a cadeia produtiva.

Este momento tecnológico é fruto da combinação de três aspectos:

1. O avanço contínuo da capacidade dos computadores e das interfaces software-usuário.
2. A digitalização da informação desde a concepção dos produtos, passando por testes com materiais, protótipos e leiautes, até a organização da linha de produção e dos respectivos estoques fabris.
3. As novas estratégias de inovação que são impulsionadas pela integração dessas tecnologias supracitadas com as tecnologias mecânicas e eletrônicas.

FIGURA 1 — Indústria 4.0 ou manufatura avançada.
FONTE: SÉ, 2017

Como demonstra a Figura 1, essas tecnologias combinadas geram conjuntos de oportunidades de manufatura competitiva sem precedentes. A expectativa é que até 2025, os processos relacionados à manufatura avançada poderão:

1. Reduzir custos de manutenção de equipamentos (de 10% a 40%).
2. Reduzir o consumo de energia (de 10% a 20%).
3. Aumentar a eficiência do trabalho (de 10% a 25%) (BRASIL, 2016, citado por MCKINSEY, 2016).

INTRODUÇÃO

1.2 O CENÁRIO BRASILEIRO

Nos últimos anos, houve um aumento significativo no número de indústrias brasileiras que utilizam tecnologias digitais.

A Confederação Nacional da Indústria (CNI) informa que, entre 2016 e 2018, o percentual das grandes empresas que utilizam pelo menos uma tecnologia digital passou de 63% para 73%.

Segundo o estudo, a indústria apostou na modernização para ganhar eficiência na produção e melhorar a gestão dos negócios. Entre as empresas que já usam tecnologias digitais, 90% contam com soluções voltadas para o processo de produção e/ou gestão.

FIGURA 2 — Tecnologias digitais.

A seguir são descritos de forma resumida os principais tópicos relacionados à Indústria 4.0.

1.3 TÓPICOS RELEVANTES DA INDÚSTRIA 4.0 EM DESENVOLVIMENTO

1.3.1 ROBÓTICA AVANÇADA

A robótica no chão de fábrica não é novidade nas indústrias. Homens e máquinas trabalham juntos nesse ambiente. O diferencial dos robôs da Indústria 4.0 são novas habilidades, como a capacidade de trabalhar sem supervisão ou intervenção humana, interagindo de forma inteligente também com outras máquinas.

Esses robôs trabalham de forma rápida, precisa e segura e realizam uma série de tarefas que têm um impacto relevante na redução de custos do processo produtivo de forma geral.

FIGURA 3 — Trabalho sem monitoramento físico, automático, controlado remotamente.

INTRODUÇÃO

1.3.2 MANUFATURA ADITIVA

Com a tecnologia de impressão 3D, a criação de protótipos até de peças finais é uma realidade assim como a ampliação da capacidade produtiva com a adição de itens personalizados.

A vantagem estratégica da manufatura aditiva possibilita maior flexibilidade para a produtividade, e a capacidade de impressão de desenhos complexos atende à customização de itens, algo que antes não era viável.

Itens de difícil acesso por sua fabricação não ser mais continuada podem ser fabricados novamente em quantidades reduzidas e personalizadas. Protótipos necessários para prova de conceitos podem ser facilmente desenvolvidos.

FIGURA 4 — Impressão 3D.

1.3.3 INTERNET DAS COISAS (IOT)

A Internet das Coisas, do inglês *Internet of Things* (IoT), é a rede formada com todos os tipos de objetos do dia a dia que são capazes de realizar a troca de dados na internet sem a intervenção humana.

São exemplos de aplicações da Internet das Coisas uma geladeira trocando informações com o computador do supermercado (talvez para avisar que o leite acabou), a coleira do cachorro se conectando com o celular do dono (para avisar que ele fugiu) ou os carros se conectando com uma rede especial da cidade para se locomoverem sem motorista.

A Internet das Coisas nada mais é do que a continuação do movimento de digitalização. Na indústria, a IoT tem inúmeras aplicações e pode trazer vantagens por meio da identificação de possibilidades de melhoria nos processos produtivos, da redução de paradas, da análise de tendências de manutenção e da aferição da qualidade dos produtos etc.

FIGURA 5 — Internet das Coisas.

INTRODUÇÃO

1.3.4 CIBERSEGURANÇA

O novo ambiente com todas as coisas e sistemas conectados traz um grande desafio — a segurança cibernética, que é uma necessidade para o mundo da tecnologia da informação.

A Indústria 4.0 precisa ter a segurança da comunicação de seus equipamentos industriais, laboratórios de pesquisas de diversas áreas, como saúde, militar, energia nuclear, além de seus escritórios comerciais desenvolvendo estratégias e campanhas de lançamentos de novos produtos invioláveis.

A cibersegurança visa proteger de ataques maliciosos o hardware, o software, as redes, a infraestrutura tecnológica, os serviços e os dados. Essa proteção é obtida por meio do uso de diversas tecnologias, que precisam de atualização constante, visto que registros de violações de dados crescem a cada ano.

O termo "segurança da informação", por sua vez, é mais amplo e baseia-se em metodologias, técnicas, ferramentas e estruturas organizacionais que sustentam a compreensão de segurança. Dessa forma, a segurança da informação engloba a cibersegurança e envolve a implementação e gestão de critérios de segurança adequados.

FIGURA 6 — Segurança da comunicação.

1.3.5 SIMULAÇÃO

A virtualização ou simulação é a criação de um ambiente digital que representa os processos nas áreas de desenvolvimento e manufatura nas fábricas. É a reprodução digital fiel da organização e do funcionamento das plantas industriais, abrangendo os trabalhadores, os equipamentos e todas as ações operacionais.

A riqueza de detalhes pode trazer dados reais com base em análises e estudos para programação de produção, programação de compra de insumos, tempo necessário para preparação ou tempo de *setup* de máquinas e equipamentos. Com base no tempo existente até a entrega do produto, pode-se estimar a quantidade de operários e o número de horas extras necessário para atingir um objetivo na manufatura.

Para a área de segurança do trabalho, a simulação pode trazer análises de estresse físico do trabalhador executando oito horas por dia o seu trabalho, ajudando na tomada de decisões para a implantação de rotatividade do operador em período estimado para evitar uma doença relacionada ao trabalho.

A simulação pode, também, vir a trazer dados que justifiquem a implementação de automação para um determinado posto de trabalho. Existem muitas aplicações para a simulação na indústria, e muitos problemas podem ser evitados com as informações obtidas, além de melhorias de toda ordem.

1.3.6 BIG DATA ANALYTICS

A Indústria 4.0 traz muitos dados a serem analisados para a tomada de decisões e que podem agilizar o processo fabril, evitar problemas e estar um passo à frente na tomada de decisões tendo análises prévias sob todos os pontos de vista.

O termo *Big Data* está relacionado a um grande volume de dados que são acumulados com o passar do tempo por empresas e outras fontes de informação, e há uma tendência de crescimento exponencial desses dados. O termo *Data Analytics*, por sua vez, diz respeito a um processo que envolve examinar dados para tirar deles conclusões úteis para os negócios, ou seja, o *Data Analytics* organiza e coloca os dados em perspectiva por meio de tecnologias específicas.

INTRODUÇÃO

Armazenar, organizar e acessar dados é, sem dúvida, uma solução que possibilitará o desenvolvimento em tempo real de habilidades para coletar, armazenar e analisar grandes quantidades de dados que são obtidos das mais variadas fontes digitais, como dados comerciais, informações do RH, dados de armazenamento, dados de fornecedores, dados de transporte, informações judiciais, informações de processo fabril, robôs, insumos nas linhas etc. Entre outros benefícios, os dados podem ser usados para identificar problemas e gargalos na produção e interferir na tomada de decisão.

FIGURA 7 — Big Data — A importância da análise de dados.

1.3.7 COMPUTAÇÃO EM NUVEM

A computação em nuvem é o fornecimento sob demanda de serviços de computação pela internet como, por exemplo, servidores, armazenamento, softwares, análise e inteligência. O objetivo é disponibilizar inovações mais rápidas e recursos flexíveis, além de economia.

Considerada um pilar para o sucesso da Indústria 4.0, a computação em nuvem sustenta as decisões do chão de fábrica tomadas pelas máquinas de produção dotadas de sensores capazes de se comunicar, receber informações em tempo real, armazenar dados, identificar e corrigir defeitos sem intervenção humana.

Essa tecnologia torna possível a chamada customização em massa e a personalização de produtos pelo consumidor final ainda na linha de produção, entre outros benefícios que deixam de ser uma possibilidade e passam a ser realidade, desde que existam tecnologias que permitam o tráfego de dados e o armazenamento deles de modo seguro e confiável.

Os sistemas de produção precisam de informações confiáveis em tempo real para a tomada de decisão. Em última instância, qualquer atraso ou falha pode levar a aumentos nos custos, perda de participação de mercado e queda do lucro. Por exemplo, pode-se deixar de economizar energia com uma parada de final de semana que seria possível implementar e que não foi executada. Além disso, também perde-se a oportunidade de eliminar gargalos em processos produtivos que poderiam ter sido identificados anteriormente.

FIGURA 8 — Computação em nuvem — uma necessidade tecnológica.

1.3.8 SISTEMAS INTEGRADOS

O sistema de integração universal, também chamado de sistema de integração horizontal e vertical, descreve como os processos, produtos, dados e sistemas de produção se relacionam na produção inteligente da Indústria 4.0.

Os sistemas de TI ainda não estão totalmente integrados aos processos produtivos. No entanto, com a Indústria 4.0, a quantidade de produtos e processos e a flexibilidade da produção são tão grandes, que para o processo produtivo funcionar, é necessário existir o compartilhamento de dados em rede (o chamado sistema de integração horizontal).

O sistema de integração vertical ocorre na Indústria 4.0 quando o planejamento e o desenvolvimento de novos produtos são diretamente fundidos com os processos de produção, rompendo, assim, as barreiras burocráticas e lentas dos processos convencionais.

Na Indústria 4.0, o uso inteligente dos dados massivos (*Big Data*) em parceria com o marketing digital acelera a tomada de decisão na proposição de novas características aos produtos.

O sistema de integração vertical permite que os processos sejam extremamente ágeis, configurando todo o sistema produtivo e realizando os ajustes e as configurações das máquinas, dos robôs e dos sistemas de transporte internos para produção rápida.

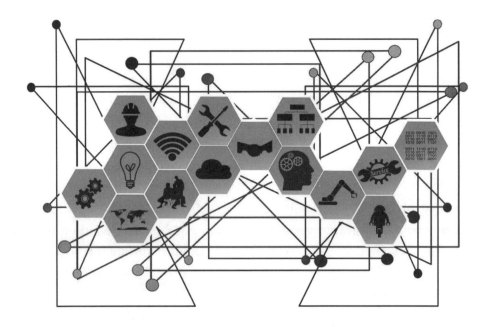

FIGURA 9 — Sistemas integrados.

1.3.9 REALIDADE AUMENTADA

A realidade aumentada combina um código QR e um software. Por meio do uso de códigos bidimensionais, é possível projetar objetos virtuais em uma imagem do mundo real de forma a oferecer mais informações. Para formar o objeto virtual, o item real é colocado em frente a uma câmera, para que o software crie, em tempo real, o objeto virtual. Por sua vez, o objeto virtual sobreposto ao real é exibido como se ambos fossem um só.

A utilização de camadas virtuais de dados em ambientes reais nas indústrias poderá ser utilizada, por exemplo, para modernizar treinamentos e facilitar a manutenção. Por meio do uso de equipamentos como óculos especiais ou smartphones, um trabalhador em uma fábrica poderá ter acesso a informações de produtividade e interagir com os dados da máquina para, por exemplo, propor alterações em tempo real.

FIGURA 10 — A realidade virtual pode ser utilizada dentro e fora das indústrias.

1.3.10 GÊMEOS DIGITAIS

A digitalização do processo produtivo contribui para a tomada de decisões dentro das indústrias com o objetivo de descobrir gargalos de fabricação, possibilidade de economia energética, otimização de tempo de preparação de máquinas, atualização do estoque de insumos dentro de limites aceitáveis para investimentos de recursos e otimização de aplicações, entre outras decisões que podem trazer lucros em todos os processos de decisão.

O gêmeo digital é usado para representar um processo, objeto ou mecanismo que já existe. Por exemplo: nas fábricas, a alteração da linha de produção ou a troca de modelo dos equipamentos implica em altos custos. Por meio da simulação digital, os profissionais envolvidos conseguem prever os impactos que uma alteração pode trazer e executar diversas simulações para escolher as opções mais adequadas.

FIGURA 11 — Tecnologia digital e os softwares de simulação.

Para visualizar uma ilustração de gêmeos digitais, consulte o link: <https://www.attendmia.com/blog/2019/02/27/explore-the-latest-manufacturing-technology/>, acessado em novembro de 2020.

1.3.11 INTELIGÊNCIA ARTIFICIAL

A Inteligência Artificial (IA) é a combinação de várias tecnologias que permitem que as máquinas aprendam e atuem por conta própria, complementando as atividades humanas e aprimorando as suas próprias. Isso torna o processo mais ágil e produtivo.

Uma máquina que utiliza IA é apta para decidir entre opções preestabelecidas, determinando qual é a melhor. Isso é possível por conta do uso de bancos de dados onde são inseridas novas informações pelo próprio sistema de forma constante.

A redução dos custos é esperada com a diminuição de perdas e erros no processo produtivo. As máquinas podem operar 7 dias por semana, 24 horas por dia, e com o aprendizado, a estimativa da vida útil dos equipamentos é maior. Além disso, os processos de manutenção poderão ser aprimorados constantemente e de forma automática.

FIGURA 12 – Inteligência Artificial.

Veja um exemplo de Inteligência Artificial aplicada na logística no link: <https://www.datamex.com.br/blog/inteligencia-artificial-na-logistica-entenda-como-funciona-e-quais-as-possibilidades/>, acessado em novembro de 2020.

FIGURA 13 — Transformação da Indústria 4.0.

1.3.12 INFRAESTRUTURA DE COMUNICAÇÃO

A **Indústria 4.0** é um ecossistema onde pessoas e máquinas trocam informações. Para que isso seja possível, precisamos interconectar todos esses elementos em uma rede, de modo que os dados possam trafegar de forma vertical e horizontal em todo o sistema automatizado, permitindo a interoperabilidade do processo.

Nem todos os equipamentos ou sistemas estão preparados para essa finalidade. As redes, por sua vez, devem ter capacidade de se comunicar em diversos padrões e protocolos, além de suportar os sistemas legados.

Desse modo, focando o retorno do investimento, as empresas tendem a investir em softwares que são utilizados durante uma média de cinco a dez anos. O tempo de uso dos softwares é menor do que o tempo de utilização do cabeamento, que é usado por cerca de dez a vinte anos, porém, economiza em recursos que seriam investidos frequentemente em manutenções, elevando a chance de sucesso na imersão dentro da Indústria 4.0.

FIGURA 14 — A interconexão em rede.

1.3.13 PRODUÇÃO FLEXÍVEL

Com um novo mercado que exige uma diversidade grande de produtos, as fábricas precisam produzir somente aquilo que é demandado — no tempo e na qualidade especificados pelo cliente — por meio da flexibilidade na linha de produção.

Uma forte tendência da **Indústria 4.0** é a linha flexível, que permite a manufatura de diferentes tipos de produtos em uma mesma linha de produção.

Evitar trocas de ferramenta, economizar tempo e manter a duração dos ciclos são os grandes benefícios desse pilar da 4ª Revolução Industrial. Para o gestor da indústria, isso significa ser capaz de controlar processos com respostas rápidas, o que tende a minimizar o desperdício de matéria-prima ao longo do processo produtivo.

FIGURA 15 — Linha flexível e otimização dos processos na Indústria 4.0.

1.3.14 O PERFIL DO PROFISSIONAL PARA A INDÚSTRIA 4.0

O profissional que atuará na Indústria 4.0 terá um papel de grande relevância, pois ele tomará decisões que impactam diretamente os processos de trabalho. Esse trabalhador deverá ter conhecimento de diversas tecnologias e dos mecanismos fundamentais da indústria digital. O funcionário passará a ser um

INTRODUÇÃO

gestor de recursos, e para isso, é importante que ele tenha boa capacidade de aprendizagem, desenvolvimento e adaptabilidade.

Tornar-se um profissional capacitado e diferenciado não é tarefa apenas de funcionários, mas também do empresário, que terá que aprender e se adaptar a essas novas necessidades. Atualmente, muitos empresários ainda não têm uma visão clara sobre as oportunidades que a Indústria 4.0 pode trazer em todos os setores.

FIGURA 16 — A importância do profissional na Indústria 4.0.

1.3.15 OS SISTEMAS DE PRODUÇÃO INTELIGENTE DA INDÚSTRIA 4.0

O desenvolvimento das tecnologias digitais propiciou a criação de novos métodos de produção nas indústrias globais, otimizando os processos por meio de ferramentas de automação do trabalho, robótica, Inteligência Artificial, Internet das Coisas (IoT) e Inteligência de Dados, dentre outras inovações.

A utilização de todas essas tecnologias na indústria tem o objetivo de tornar o negócio mais competitivo e produtivo, adicionando valor ao produto, racionalizando o uso dos recursos e possibilitando soluções tecnológicas.

FIGURA 17 — Sistemas inteligentes e automatização de processos.

Para atender ao novo sistema de produção inteligente, os seguintes tópicos devem ser observados:

- **AÇÃO IMEDIATA:** aquisição e tratamento de dados de forma imediata.
- **VIRTUALIZAÇÃO:** produção de cópias virtuais das fábricas inteligentes, com rastreabilidade e monitoramento remoto de todos os processos.
- **DESCENTRALIZAÇÃO:** tomada de decisão por meio de sistemas ciberfísicos de acordo com as necessidades da produção. As máquinas, mediante comandos recebidos remotamente, enviarão informações completas sobre o trabalho, o que permitirá a precisão da realidade virtual.
- **ORIENTAÇÃO A SERVIÇOS:** desenvolvimento e utilização de softwares orientados a serviços aliados a conceito de aplicações da Internet das Coisas.
- **MODULARIDADE:** produção de acordo com a demanda. Sistema modularizado de intercambiabilidade aplicada para atendimento à diversidade da produção flexível.

INTRODUÇÃO

1.4 A INTERAÇÃO DO HOMEM COM A MÁQUINA NO AMBIENTE INDUSTRIAL E A SEGURANÇA

Em um passado recente, as aplicações com robótica industrial fizeram grandes progressos nas áreas dos sistemas de acionamento e detecção de objetos, abrindo, assim, caminho para uma nova era da interação entre homem e máquina.

No que diz respeito à segurança funcional e, por consequência, o desenvolvimento de normas que foram associadas e aplicadas ao tema, tais como as normas IEC 61508:2010, IEC 62061:2015, ISO 13849-1:2015 e ISO 13849-2:2012, os novos robôs recentemente desenvolvidos com funções otimizadas permitem uma estreita colaboração com o homem no mesmo espaço de trabalho.

Quando, no setor industrial, as capacidades do homem são combinadas com as dos robôs, obtêm-se soluções de produção que se destacam, entre outras coisas, pela mais elevada qualidade, baixo custo, melhor ergonomia e ciclos de trabalho mais rápidos, que são necessários para interagir na Indústria 4.0.

Com base no atual estado tecnológico das normas internacionais relacionadas com a segurança de robôs industriais (ISO 10218-1/-2, 2011) e especialmente de robôs para a operação de colaboração (ISO/TS 15066, 2015), a seguir são explicadas as diretivas contidas nas normas que são usadas no desenvolvimento de aplicações robóticas colaborativas mais seguras. Também mostraremos os limites das tecnologias atuais que permitem visualizar os requisitos e os desenvolvimentos em curso.

A produção industrial precisa de máquinas flexíveis e autônomas, que possam vir a ser adaptadas rápida e eficientemente às necessidades de flexibilização das condições de produção, bem como sofrer alterações quando necessário.

Normalmente, os robôs executam suas tarefas dentro de área protegida, devido aos perigos resultantes da velocidade, da mobilidade, da sua força e para garantir a segurança dos trabalhadores. No entanto, quando se pretende alcançar uma estreita interação entre homem e máquina, esse método padronizado e eficaz de separar fisicamente a fonte de perigo da pessoa que pode ser ameaçada deve ser substituído. Por isso, devem ser utilizadas outras medidas para reduzir o risco.

A interação dos trabalhadores com os robôs ativos e aparelhos idênticos a robôs caracteriza-se por dois parâmetros: espaço e tempo. Se não houver espaço ou tempo comum, onde as pessoas e o robô ativo possam agir, os movimentos robóticos não representam nenhum perigo, e a situação é considerada "não interativa".

As situações nas quais as pessoas e os robôs partilham um espaço comum, mas em momentos diferentes, são consideradas "cooperativas". Para situações nas quais as pessoas e os robôs trabalham em determinada altura no mesmo espaço foi estabelecido o termo "colaborativo".

Também nas aplicações robóticas industriais nas quais ninguém tenha de intervir durante o processo de produção, é necessário que um operador acesse o espaço de trabalho do robô, como, por exemplo, para trabalhos de manutenção.

A coexistência, como demonstra a Figura 18, é um tipo de aplicação onde o espaço de trabalho e as portas de acesso devem ser vedados. O bloqueio deve garantir que as funções robóticas perigosas sejam desligadas quando um operador entra na zona de perigo. Esse estado deve ser assegurado enquanto uma pessoa se encontrar nessa zona de perigo ou enquanto as portas de acesso estiverem abertas.

INTRODUÇÃO

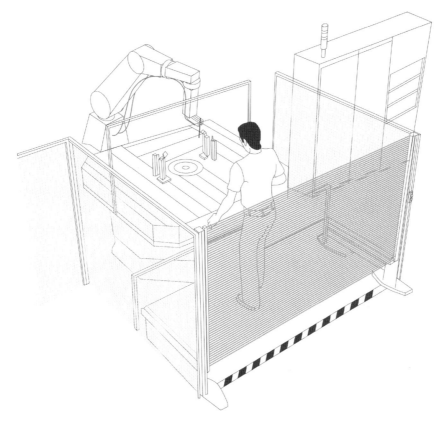

FIGURA 18 — A coexistência entre homem e robô.
FONTE: ADAPTADO DE F. FONSECA, 2017

Na cooperação, de acordo com a Figura 19, as aplicações amplamente divulgadas para robôs industriais são processos de trabalho nos quais um operador carrega e descarrega a célula robotizada.

Nesses cenários de aplicações cooperativas, os operadores e os robôs executam em tempos diferentes as operações necessárias no espaço de trabalho comum. Esse cenário também requer medidas de proteção técnicas.

Dependendo da constituição do sistema de carga e descarga, pode ser conveniente utilizar dispositivos de proteção optoeletrônicos, tais como cortinas de luz de segurança e *scanner* a laser de segurança.

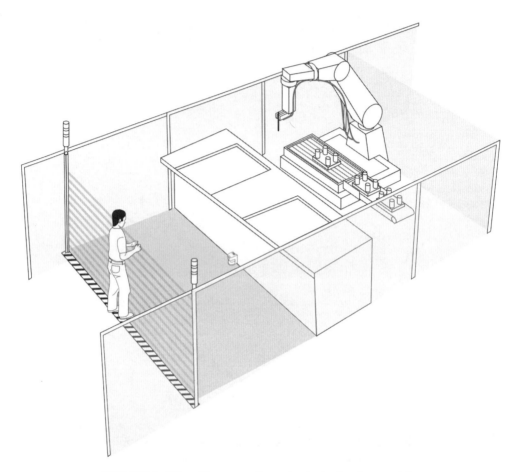

FIGURA 19 — Cooperação entre trabalhador e robô.
FONTE: ADAPTADO DE F. FONSECA, 2017

No trabalho colaborativo, exemplificado na Figura 20, se faz necessário que o homem e o robô ativo interajam ao mesmo tempo em um espaço de trabalho comum.

Nesses cenários colaborativos, a força, a velocidade e as trajetórias do robô devem ser limitadas. Para reduzir o risco, podem ser utilizadas medidas protetoras inerentes ou ser aplicadas medidas adicionais, tais como a limitação do binário por meio da capacidade dos acionamentos ou das peças relacionadas com a segurança do comando do sistema.

INTRODUÇÃO

A força, a velocidade e as trajetórias do robô têm de ser limitadas, monitoradas e controladas em função do nível de perigo real. Esse nível de risco depende também da distância entre o homem e a máquina.

Essa tarefa requer sensores de confiança que detectem pessoas ou sua velocidade e distância para a zona de perigo. Essencialmente, esses sensores têm que dominar as exigências futuras inerentes ao desenvolvimento de tecnologias de colaboração.

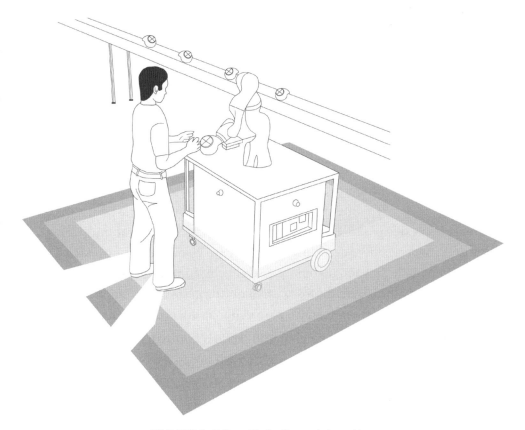

FIGURA 20 — Trabalho colaborativo.
FONTE: ADAPTADO DE F. FONSECA, 2017

1.5 APLICAÇÕES ENVOLVENDO ROBÓTICA INDUSTRIAL E COLABORATIVA

O campo para o emprego da robótica é muito amplo, e existem incontáveis oportunidades para o emprego desse recurso em muitas áreas do conhecimento, pesquisa e trabalho.

Pode-se partir da aplicação da robótica para a preservação da mão de obra humana em trabalhos desgastantes que causem doenças, indo até aplicações em que a mais extrema precisão de movimento seja exigida.

Existem pesquisas envolvendo robótica como a principal ferramenta de trabalho que vão desde operações clínicas, operações de alta periculosidade — como processo de pesquisas em laboratórios químicos e físicos onde o risco é alto para exposição humana —, além de trabalho como energia nuclear, mineração e a indústria como um todo.

A aplicação mais comum e imediatista da robótica é como parte de um processo fabril, onde a repetitividade de movimentos seja imprópria para o trabalho humano. Isso exige gastos com análises ergonômicas para tentar minimizar danos físicos, onde se busca descobrir soluções para viabilidade funcional aplicando-se rotatividade funcional como possível solução minimizadora dos efeitos danosos do trabalho. Além disso, existem outros gastos, com equipamentos de proteção individual e treinamentos, para evitar as doenças do trabalho.

Todo e qualquer desenvolvimento utilizando robótica deve seguir as normas de segurança, que são excelentes pontos de partida desde a concepção do projeto até sua aplicação prática. O objetivo maior é criar soluções que sejam seguras.

O próximo capítulo tratará das normas relacionadas com os sistemas robóticos.

NORMAS BRASILEIRAS E INTERNACIONAIS RELACIONADAS COM OS SISTEMAS ROBÓTICOS

OBJETIVOS

Este capítulo apresenta as normas brasileiras e internacionais que são relacionadas aos sistemas robóticos. São elas: a NR 12, a ABNT ISO 10218-1, a ABNT ISO 10218-2 e a ISO/TS 15066.

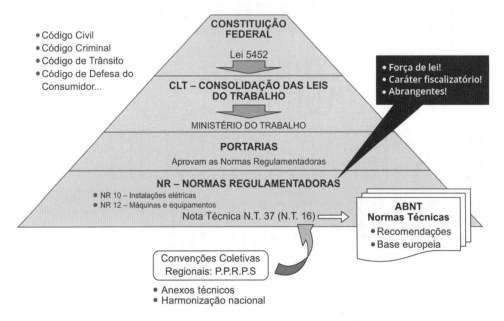

FIGURA 21 — Normas regulamentadoras do Brasil.
FONTE: O AUTOR

NORMAS BRASILEIRAS E INTERNACIONAIS

A norma Brasileira que atende máquinas e equipamentos é a NR-12.

A primeira versão da Norma Regulamentadora nº 12 (NR 12) foi elaborada em 1978 pela Portaria nº 3.214, de 8 de junho de 1978, para tratar da segurança no trabalho em máquinas e equipamentos. Com o objetivo de alinhar o padrão brasileiro de segurança em máquinas e equipamentos com os adotados na Europa e em outros países, a norma vem sendo atualizada. Em 2010, pela Portaria MTE nº 197, de 17 de dezembro de 2010, sofreu uma atualização significativa, e desde então vem passando por outras atualizações para sua modernização. A última atualização foi por meio da Portaria SEPRT nº 916, de 30 de julho de 2019, em atendimento aos processos fabris modernos e ao desenvolvimento de dispositivos e técnicas de segurança atuais.

As aplicações robóticas são mencionadas no item a seguir:

2.1 PRINCÍPIOS GERAIS

Esta Norma Regulamentadora (NR) e seus anexos definem referências técnicas, princípios fundamentais e medidas de proteção para resguardar a saúde e a integridade física dos trabalhadores, e estabelece requisitos mínimos para a prevenção de acidentes e doenças do trabalho nas fases de projeto e de utilização de máquinas e equipamentos, e ainda à sua fabricação, importação, comercialização, exposição e cessão a qualquer título, em todas as atividades econômicas, sem prejuízo da observância do disposto nas demais NRs aprovadas pela Portaria MTb nº 3.214, de 8 de junho de 1978, nas normas técnicas oficiais ou nas normas internacionais aplicáveis, e na ausência ou omissão destas, opcionalmente, nas normas Europeias tipo "C" harmonizadas.

Esse item da NR12 nos informa claramente que as normas técnicas, internacionais e normas europeias harmonizadas devem ser seguidas para alcançar a segurança necessária em aplicações utilizando máquinas e equipamentos em todas as fases de projeto e utilização não abrangidas em seu texto.

Observe os itens:

- 12.1.11 As máquinas nacionais ou importadas fabricadas de acordo com a NBR ISO 13849, Partes 1 e 2, são consideradas em conformidade com os requisitos de segurança previstos nesta NR, com relação às partes de sistemas de comando relacionadas à segurança.
- 12.1.12 Os sistemas robóticos que obedeçam às normas ABNT ISO 10218-1, ABNT ISO 10218-2, ISO/TS 15066 e demais normas técnicas oficiais ou, na ausência ou omissão destas, nas normas internacionais aplicáveis, estão em conformidade com os requisitos de segurança previstos nessa NR.

A nova versão da norma passa a considerar — em conformidade com a NR 12 — as máquinas nacionais ou importadas fabricadas que atendam aos requisitos de segurança e às orientações sobre os princípios de projeto e integração de partes de sistemas de comando relacionados à segurança, de acordo com a NBR ISO 13849-1, e que tenham seguido os procedimentos e as condições para validar as funções de segurança, a categoria atingida e o nível de desempenho atingido, pois existe uma correlação entre os conceitos de categoria de segurança e Performance Level.

É importante ressaltar que a Parte 2 da NBR ISO 13849 é utilizada para fins de validação das funções de segurança, a qual deve ser realizada por meio de análises e ensaios do sistema de comando relacionado à segurança.

O subitem 12.1.12 está alinhado com a perspectiva da Indústria 4.0 e, principalmente, com a demanda das indústrias, que cada vez mais utilizam robôs em seus processos produtivos. Assim, esse subitem admite que os sistemas robóticos fabricados de acordo com prescrições de normas técnicas estão em conformidade com a NR 12.

Logo, os sistemas robóticos que atendam aos requisitos e às orientações para o projeto seguro e que utilizam medidas de proteção com o objetivo de eliminar ou reduzir adequadamente os riscos associados ao uso de robôs industriais — conforme a NBR ISO 10218, Partes 1 e 2, e a ISO/TS 15066 — estão de acordo com os requisitos de segurança previstos nessa NR. Portanto, não há conflito em relação às exigências e aos princípios de segurança da NR 12.

NORMAS BRASILEIRAS E INTERNACIONAIS

O uso de tais normas técnicas permite a integração e operação de robôs industriais, sistemas robotizados industriais e células robotizadas industriais de forma segura. Assim, estando a operação com sistemas robóticos em conformidade com os critérios dispostos na NBR ISO 10218, Partes 1 e 2, e na ISO/TS 15066, ou nas demais normas técnicas oficiais ou, na ausência ou omissão destas, nas normas internacionais aplicáveis, ela também estará em conformidade com os requisitos de seguranças previstos na NR 12.

FIGURA 22 – Normas ISO.

O próximo capítulo trata das normas para o desenvolvimento de aplicações seguras envolvendo robótica colaborativa.

03

NORMAS E REQUISITOS PARA AS APLICAÇÕES ROBÓTICAS COLABORATIVAS SEGURAS

OBJETIVOS

Este capítulo aborda as normas internacionais aplicáveis à segurança de sistemas robóticos, ISO 10218 e ISO/TS 15066, e seus requisitos.

O sistema robótico descrito na Parte 2 da ISO 10218 (ISO, 2011) é composto por um robô industrial e seu operador terminal, bem como quaisquer peças de máquinas, sistemas, aparelhos, eixos auxiliares externos e sensores que apoiam o robô na execução de suas tarefas.

FIGURA 23 — Tecnologia colaborativa.

NORMAS E REQUISITOS PARA AS APLICAÇÕES ROBÓTICAS

3.1 REQUISITOS BÁSICOS

Há algumas exigências básicas no projeto das aplicações colaborativas.

O espaço de colaboração deve satisfazer o seguinte:

1. Deve ser projetado de forma a permitir ao operador executar suas tarefas sem quaisquer problemas e em segurança, sem incorrer em perigo devido a equipamentos adicionais ou outras máquinas na zona de trabalho.

2. Não pode haver risco de ferimentos por corte, esmagamento ou punhaladas, nem outros riscos por superfícies quentes, peças sob tensão, que não podem ser minimizados pela redução da velocidade, da força ou da potência do sistema robótico. Isso também é válido, naturalmente, para os respectivos dispositivos de retenção (ferramentas) e peças de trabalho.

3. O espaço de trabalho do robô deve prever uma distância mínima para as áreas acessíveis adjacentes onde o trabalhador possa correr o risco de ser esmagado ou apertado. Se isso não for possível, devem ser utilizados dispositivos de proteção adicionais.

4. Sempre que possível, deve ser prevista uma delimitação segura do eixo, de modo a limitar o número de movimentos livres do robô no espaço e para reduzir o risco de ferimento para os trabalhadores.

Consulte exemplos de soluções de segurança para colaboração humano-robô no link: <https://www.ke-next.de/automation/sensorik-messtechnik/sicherheitsloesungen-fuer-die-mensch-roboter-kollaboration-293.html>, acessado em dezembro de 2010.

3.2 MODOS DE FUNCIONAMENTO COLABORATIVO SEGUNDO A ISO 10218-2 E A ISO/TS 15066

A especificação técnica ISO/TS 15066 (ISO, 2015) nomeia quatro modos de funcionamento colaborativo, que, dependendo da exigência da respetiva aplicação e do design do sistema robótico, podem ser usados individualmente ou combinados:

3.2.1 PARADA DE SEGURANÇA VIGIADA DO ROBÔ

Como demonstra a Figura 24, o robô é parado no espaço colaborativo durante a interação com o operador. Esse estado é monitorado, e o acionamento pode continuar ligado.

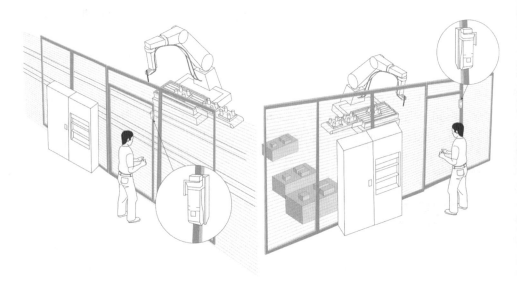

FIGURA 24 – Parada de segurança.
FONTE: ADAPTADO DE ROBOTIQ, 2016

NORMAS E REQUISITOS PARA AS APLICAÇÕES ROBÓTICAS

3.2.2 GUIAMENTO MANUAL DO ROBÔ

A segurança do operador em relação ao robô é garantida pelo fato de este poder ser conscientemente guiado pelas mãos do operador em uma velocidade reduzida e segura, conforme a Figura 25.

FIGURA 25 – Guiamento manual.
FONTE: ADAPTADO DE ROBOTIQ, 2016

3.2.3 LIMITAÇÃO DA FORÇA E DA POTÊNCIA DO ROBÔ

O contato físico entre o sistema robótico, inclusive da peça de trabalho, garra, e uma pessoa (operador) pode ocorrer intencionalmente ou inadvertidamente. A necessária segurança é conseguida pela limitação da potência e da força para valores considerados seguros para evitar ferimentos ou ameaças (Figura 26).

A colaboração com potência e força limitada requer robôs especialmente desenvolvidos para esse modo de funcionamento. A especificação técnica ISO/TS 15066:2015 inclui valores máximos (limites de esforço biomecânicos), que não podem ser excedidos na colisão do robô com membros e outras partes do corpo humano.

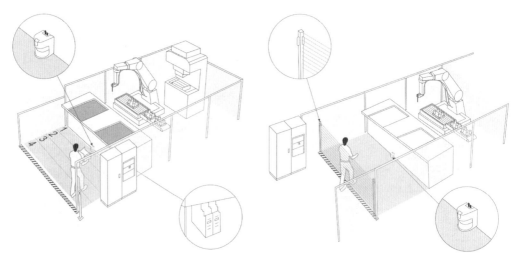

FIGURA 26 — Limitação da potência.
FONTE: ADAPTADO DE ROBOTIQ, 2016

NORMAS E REQUISITOS PARA AS APLICAÇÕES ROBÓTICAS

3.2.4 MONITORAMENTO DA DISTÂNCIA E DA VELOCIDADE DO ROBÔ

A velocidade e a trajetória dos percursos de movimentação do robô são monitoradas e adaptadas em função da velocidade e da posição do operador no espaço protegido, como pode ser observado na Figura 27.

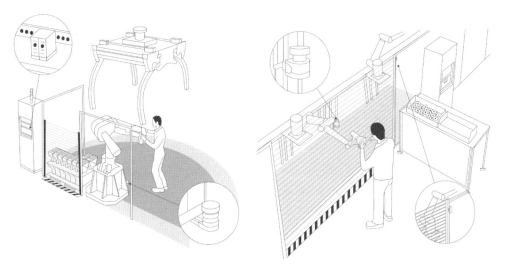

FIGURA 27 — Monitoramento da velocidade.
FONTE: ADAPTADO DE ROBOTIQ, 2016

No caso de aplicações colaborativas, devem ser escolhidos um ou a combinação de vários métodos dos que foram aqui apresentados, dependendo da aplicação, de modo a garantir a segurança de todas as pessoas expostas aos potenciais perigos.

Os requisitos atuais ao funcionamento de sistemas robóticos colaborativos incluem a utilização de um adequado sistema de comando relacionado com a segurança, que cumpre os requisitos do PLd segundo a norma ISO 13849-1:2015.

No próximo capítulo será apresentada a relação entre as normas para apreciação de riscos nas aplicações com robôs colaborativos.

04

RELACIONAMENTO ENTRE NORMAS PARA APRECIAÇÃO DE RISCO EM APLICAÇÕES COM ROBÔ COLABORATIVO

OBJETIVOS

Este capítulo apresenta a relação entre as normas que devem ser utilizadas durante o desenvolvimento de uma apreciação de risco envolvendo uma aplicação com robô colaborativo, onde o ponto de partida é a NR 12.

Durante o desenvolvimento de uma apreciação de risco envolvendo uma aplicação com robô colaborativo, deve ficar claro que não se utilizará apenas uma norma específica para isso. Existe, sim, uma norma de referência que chama por outras normas, que mais especificamente tratam de cada assunto dos muitos observados na análise dos dados recolhidos na vistoria, feita sobre a aplicação envolvendo o robô no local da planta da indústria onde está implementado.

No Brasil, usaremos a Norma NR12 como ponto de partida e, desta forma, veremos algumas relações necessárias entre a NR12 e outras normas.

No caso específico de robótica colaborativa, como informado em seu item:

- 12.1.12 Os sistemas robóticos que obedeçam às prescrições das normas ABNT ISO 10218-1, ABNT ISO 10218-2, da ISO/TS 15066 e demais normas técnicas oficiais ou, na ausência ou omissão destas, nas normas internacionais aplicáveis, estão em conformidade com os requisitos de segurança previstos nessa NR.

RELACIONAMENTO ENTRE NORMAS PARA APRECIAÇÃO DE RISCO

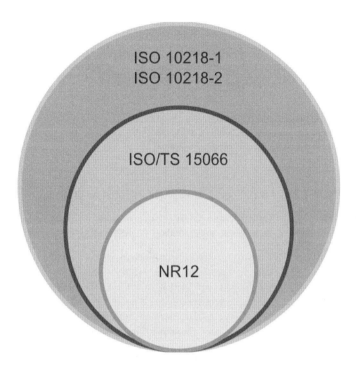

FIGURA 28 — Relação entre as normas ISO 10218-1, 10218-2, ISO/TS 15066 e NR 12.
FONTE: O AUTOR

Essa relação entre normas já está evidenciada no contexto da NR12, que foi atualizada e que anteriormente já registrava uma Nota Técnica evidenciando essa relação:

CONTROLE DE RISCOS OCUPACIONAIS NA INDÚSTRIA 4.0

Secretaria de Inspeção do Trabalho
Departamento de Segurança e Saúde no Trabalho
Coordenação-Geral de Normatização e Programas

NOTA TÉCNICA N°. 31/2018/CGNORIDSST/SITIMTb

Interessado: Departamento de Segurança e Saúde no Trabalho/Secretaria de Inspeção do Trabalho - DSST/SIT.

Assunto: Esclarecimentos quanto às novas tecnologias de robôs, denominados "ROBÔS COLABORATIVOS", e robôs tradicionais em "APLICAÇÕES COLABORATIVAS", cuja utilização vem crescendo no parque industrial brasileiro, bem como acerca das normas que os regulamentam e dos requisitos de segurança necessários, à luz da Norma Regulamentadora 12, e das atribuições e entendimento da Auditoria Fiscal do Trabalho em relação aos requisitos de segurança necessários ao trabalho seguro com os referidos robôs.

Ementa: Norma Regulamentadora nO12 - NR 12. Robôs industriais colaborativos (cobots). Indústria 4.0.

I - INTRODUÇÃO

A Norma Regulamentadora 12 - Segurança no Trabalho em Máquinas e Equipamentos, aprovada pela Portaria 3.214/1978, com redação vigente dada pela Portaria SIT nO197, de 17/12/10, cujo principal objetivo é a redução do alto número de acidentes de trabalho em máquinas no país, originou-se do consenso obtido por meio do debate tripartite, conduzido pelo Ministério do Trabalho, com a participação das entidades representantes do setor empresarial e dos trabalhadores, de vários segmentos econômicos, com a participação de outros atores sociais e governamentais.

Sua elaboração foi baseada em normas nacionais e internacionais consolidadas e já existentes, tendo buscado, dentre outras coisas, harmonizar a legislação nacional às normas internacionais, propiciando um tratamento equânime entre as máquinas fabricadas no país e as máquinas importadas.

No entanto, a aplicação da Norma Regulamentadora 12 (NR-12) aos casos concretos e sua interpretação requer, por vezes, esclarecimentos que visam, precipuamente, à proteção da integridade física e da saúde dos trabalhadores, à utilização do Estado da Técnica e da "boa técnica" e ao atendimento das normas técnicas nacionais e internacionais.

Face ao exposto, a presente Nota Técnica visa a esclarecer requisitos técnicos necessários ao trabalho seguro com robôs industriais colaborativos (COBOTS) e robôs tradicionais em aplicações colaborativas, à luz da interpretação técnica da NR-12.

II - ANÁLISE

A emergência de novas tecnologias relacionadas à Indústria 4.0, à Internet Industrial das Coisas (IoT) e aos robôs colaborativos (COBOTS), por exemplo, vêm carreando rápidas e profundas transformações nos diferentes setores industriais com impactos consideráveis nas condições de trabalho e nas formas de prestações laborais em diversos países. A velocidade de tais mudanças, em regra, supera a das regulamentações ou das normalizações necessárias ao uso seguro destes avanços.

A despeito da relativa lentidão, própria dos modelos de elaboração das normas e dos regulamentos técnicos, possibilitar um hiato entre normalização ou regulamentação e a utilização de novas tecnologias, é inquestionável que a incorporação das evoluções tecnológicas nos espaços fabris é um processo atual, progressivo e cada vez mais rápido para dar conta das exigências de mercado.

Dentre estes avanços tecnológicos, os robôs colaborativos são exemplos de tecnologias que estão cada vez mais presentes nos locais de trabalho no Brasil, e cuja regulamentação se encontra em fase de discussão e elaboração, exigindo, em caráter provisório, explicações quanto ao atendimento da NR-12.

Segundo a Federação Internacional de Robótica (IFR)[1], o fornecimento de robôs industriais tem aumentado em escala recorde no mundo de 2013 a 2015. No Brasil, somente em 2016, cerca de 1800 robôs foram adquiridos por indústrias de diversos setores, sendo uma parcela de robôs colaborativos. Portanto, a projeção atual é.

[1] Executive Summary World Robotics 2016 Industrial Robots

de que os robôs colaborativos estarão cada vez mais presentes no parque industrial brasileiro, utilizados nos mais diferentes segmentos econômicos.

Os robôs colaborativos apresentam algumas características que os diferenciam dos robôs tradicionais e que já estão há alguns anos presentes na indústria brasileira. Constituem-se numa nova geração de robôs que são projetados para operar de modo seguro, lado a lado com os seres humanos, em direta interação/cooperação com trabalhadores dentro de um espaço de trabalho colaborativo definido.

Tais características podem trazer dúvidas quanto aos requisitos técnicos necessários para o trabalho seguro com tais máquinas, de modo a atender à NR-12 e às normas técnicas oficiais vigentes.

Atualmente, existem duas Normas Técnicas *(ISO 10218-1: "Robots and robotic devices - Safety requirements for industrial robots - Part 1: Robots"; e ISO 10218-2 "Robots and robotic devices - Safety requirementsfor industrial robots - Robot systems and integration ")* e uma Especificação Técnica *(ISO/TS 15066: "Robots and robotic devices - collaborative robots ")* que tratam sobre o tema e nos auxiliam na aplicação da NR-12.

III - CONCEITO TÉCNICO E APLICAÇÕES

O debate sobre requisitos de segurança na utilização de sistemas robóticos colaborativos perpassa pelo entendimento e conceituação de outros elementos importantes.

A especificação técnica ISO/TS 15066 apresenta as seguintes definições, modificadas a partir daquelas trazidas pelas normas ISO 10218-1 e ISO 10218-2, *in verbis:*

> **Espaço de trabalho colaborativo:** Espaço dentro do espaço de operação onde o sistema robótico (incluindo a peça trabalhada) e um humano podem desempenhar tarefas simultaneamente durante a produção.
>
> **Operação colaborativa:** Estado no qual um sistema robótico propositadamente projetado e um operador trabalham dentro de um espaço de trabalho colaborativo.

Considera-se robô colaborativo, portanto, um sistema robótico projetado para desempenhar uma operação colaborativa em um espaço de trabalho colaborativo.

FIGURA 29 – Nota técnica N° 2A/2018/CGNORIDSST/SITIMTb.

FONTE: HTTP://ABIMAQ.ORG.BR/ARQUIVOS/HTML/DOCUMENTOS/NR12/NT_N%C2%B031%20 -%20DSST%20-%20NR-12%20-20ROB%C3%B4S%20INDUSTRIAIS%20COLABORATIVOS.PDF

RELACIONAMENTO ENTRE NORMAS PARA APRECIAÇÃO DE RISCO

Existem diversas comissões oficiais para desenvolvimento de normas técnicas nacionais. Desta forma, para facilitar o acesso à informação, ficam evidenciadas aqui as normas ABNT com a mesma referência das Normas ISO internacionais, já na língua portuguesa do Brasil.

Exemplos: ABNT NBR ISO 10218-1

ABNT NBR ISO 13849-1

ABNT NBR ISO 12100

Fonte: ww.abnt.org.br

Seguindo a relação entre normas, fica claro que, com o prosseguimento da análise da aplicação, outros assuntos não cobertos pela NR12 devem ser abordados por meio de normas técnicas, normas internacionais, diretivas europeias etc.

Para ilustrar melhor, veja os detalhes na Figura 30.

CONTROLE DE RISCOS OCUPACIONAIS NA INDÚSTRIA 4.0

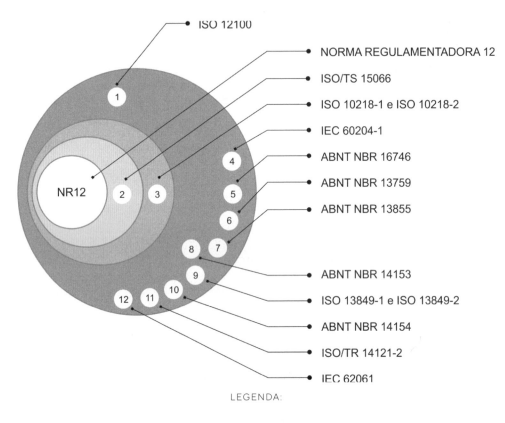

LEGENDA:

A **NR12**, NORMA REGULAMENTADORA 12

1. **ISO 12100** *SAFETY OF MACHINERY – GENERAL PRINCIPLES FOR DESIGN – RISK ASSESSMENT AND RISK REDUCTION* (SEGURANÇA DE MÁQUINAS – PRINCÍPIOS GERAIS DE PROJETO – APRECIAÇÃO E REDUÇÃO DE RISCOS)

2. **ISO/TS 15066** *ROBOTS AND ROBOTIC DEVICES – COLLABORATIVE ROBOTS* (ROBÔS E DISPOSITIVOS ROBÓTICOS – ROBÔS COLABORATIVOS)

3. **ISO 10218** *ROBOTS AND ROBOTIC DEVICES – SAFETY REQUIREMENTS FOR INDUSTRIAL ROBOTS – PART 1: ROBOTS* (ROBÔS E DISPOSITIVOS ROBÓTICOS – REQUISITOS DE SEGURANÇA PARA ROBÔS INDUSTRIAIS – PARTE 1: ROBÔS)

ISO 10218 *ROBOTS AND ROBOTIC DEVICES – SAFETY REQUIREMENTS FOR INDUSTRIAL ROBOTS – PART 2: ROBOT SYSTEMS AND INTEGRATION* (ROBÔS E DISPOSITIVOS ROBÓTICOS – REQUISITOS DE SEGURANÇA PARA ROBÔS INDUSTRIAIS – PARTE 2: SISTEMAS ROBÓTICOS E INTEGRAÇÃO)

RELACIONAMENTO ENTRE NORMAS PARA APRECIAÇÃO DE RISCO

4. **IEC 60204-1** *SAFETY OF MACHINERY – ELECTRICAL EQUIPMENT OF MACHINES – PART 1: GENERAL REQUIREMENTS* (SEGURANÇA DE MÁQUINAS – EQUIPAMENTOS ELÉTRICOS DE MÁQUINAS)

5. **ABNT NBR 16746** SEGURANÇA DE MÁQUINAS – MANUAL DE INSTRUÇÕES – PRINCÍPIOS GERAIS DE ELABORAÇÃO

6. **ABNT NBR 13759** SEGURANÇA DE MÁQUINAS – EQUIPAMENTOS DE PARADA DE EMERGÊNCIA – ASPECTOS FUNCIONAIS – PRINCÍPIOS PARA PROJETO

7. **ABNT NBR 13855** SEGURANÇA DE MÁQUINAS – POSICIONAMENTO DOS EQUIPAMENTOS DE PROTEÇÃO COM REFERÊNCIA À APROXIMAÇÃO DE PARTES DO CORPO HUMANO

8. **ABNT NBR 14153** SEGURANÇA DE MÁQUINAS – PARTES DE SISTEMAS DE COMANDO RELACIONADOS À SEGURANÇA – PRINCÍPIOS GERAIS PARA PROJETO

9. **ISO 13849-1** *SAFETY OF MACHINERY – SAFETY-RELATED PARTS OF CONTROL SYSTEMS – PART 1: GENERAL PRINCIPLES FOR DESIGN* (SEGURANÇA DE MÁQUINAS, PARTES RELACIONADAS À SEGURANÇA DE SISTEMAS DE CONTROLE – PARTE 1: PRINCÍPIOS GERAIS DE PROJETO)

ISO 13849-2 *SAFETY OF MACHINERY – SAFETY-RELATED PARTS OF CONTROL SYSTEMS – PART 2: VALIDATION* (SEGURANÇA DE MÁQUINAS – PARTES RELACIONADAS À SEGURANÇA DE SISTEMAS DE CONTROLE – PARTE 2: VALIDAÇÃO)

10. **ABNT NBR 14154** SEGURANÇA DE MÁQUINAS – PREVENÇÃO DE PARTIDA INESPERADA

11. **ISO/TR 14121-2** *SAFETY OF MACHINERY – RISK ASSESSMENT – PART 2: PRACTICAL GUIDANCE AND EXAMPLES OF METHODS* (SEGURANÇA DE MÁQUINAS – APRECIAÇÃO DE RISCO – PARTE 2: GUIA PRÁTICO E EXEMPLOS DE MÉTODOS)

12. **IEC 62061** *SAFETY OF MACHINERY – FUNCTIONAL SAFETY OF SAFETY-RELATED ELECTRICAL, ELECTRONIC, AND PROGRAMMABLE ELECTRONIC CONTROL SYSTEMS* (SEGURANÇA DE MÁQUINAS – SEGURANÇA FUNCIONAL DE SISTEMAS DE CONTROLE RELACIONADOS À SEGURANÇA ELÉTRICOS, ELETRÔNICOS E ELETRÔNICOS PROGRAMÁVEIS)

FIGURA 30 — Relação entre normas.
FONTE: O AUTOR

O capítulo seguinte trata da hierarquia da legislação e das normas brasileiras e internacionais.

05

HIERARQUIA DAS NORMAS

OBJETIVOS

Neste capítulo são apresentadas as hierarquias das normas no Brasil e as organizações de padronização brasileiras (ABNT) e internacionais (ANSI, CENELEC, entre outras).

5.1 HIERARQUIA DA LEGISLAÇÃO E NORMAS NO BRASIL

Legal

- Constituição Federal
- Consolidação das Leis do Trabalho
- Portaria 3.214 — NR 10 E NR 12

Normativo

- ABNT NBR ISO 12100 — Princípios para apreciação de risco
- ABNT NBR 14153 — Partes de sistemas de comando relacionadas à segurança — Princípios gerais para projeto

Corporativo

- Normas de segurança corporativas
- Bloqueio e etiquetagem (*Lockout/Tagout* — LOTO) (NORMA OSHA 29 CFR 1910.147)
- Regras para aplicar LOTO

HIERARQUIA DAS NORMAS

Interno

- Procedimento para bloqueio de alimentação
- Instrução para trabalho com eletricidade
- Instrução para reparo de linhas e dutos

5.2 HIERARQUIA DA LEGISLAÇÃO E NORMAS TÉCNICAS E INTERNACIONAIS

As normas usadas no mundo todo podem não apenas ser utilizadas para consulta, mas podem também ser aplicadas em determinados casos em que a legislação brasileira não tenha ainda desenvolvido regulamentações equivalentes.

FIGURA 31 — Organização internacional para padronização.
FONTE: O AUTOR

- ANSI: American *National Standards Institute* (Instituto Nacional Americano de Padrões)
- RIA: Robotic *Industries Association* (Associação das Indústrias de Robótica)
- CENELEC: European *Committee for Electrotechnical Standardization* (Comitê Europeu de Normalização Eletrotécnica)
- ABNT: Associação Brasileira de Normas Técnicas
- STANDARDS AUSTRALIA: *Standard Organization in Australia* (Organização para Padronização na Austrália)

- SAI GLOBAL: Empresa multinacional de auditoria

ISO	Série 10000 ISO 13849-1 ISO 10218-1
CEN	EN ISO 13849-1 EN ISO 10218-1

FIGURA 32 — Normas criadas na ISO.
FONTE: O AUTOR

5.3 HIERARQUIA DA LEGISLAÇÃO E NORMAS ELÉTRICAS

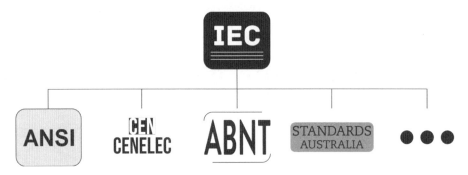

FIGURA 33 — Comissão Internacional Eletrotécnica.
FONTE: O AUTOR.

- ANSI: *American National Standards Institute*
- CENELEC: *European Committee for Electrotechnical Standardization*
- ABNT: Associação Brasileira de Normas Técnicas
- STANDARDS AUSTRALIA: *Standard Organization in Australia*

HIERARQUIA DAS NORMAS

IEC	SÉRIE 60000 IEC 61508 IEC 60204
CENELEC	EN 61508 EN 60204

FIGURA 34 – Normas criadas na IEC.
FONTE: O AUTOR

O próximo capítulo trata da classificação das normas e sua abrangência.

06

CLASSIFICAÇÃO DA NORMAS

OBJETIVOS

Este capítulo trata da abrangência das normas e sua classificação em três tipos para melhor organização e acesso à informação.

6.1 TIPOS DE NORMAS

As normas de segurança de conteúdo genérico, cujo conteúdo fornece conceitos básicos, princípios para projeto e aspectos gerais para aplicação em máquinas, por exemplo.

    TIPO "A"   - NBR ISO 12100

                                                         - NBR 14009

                                                         - EN 60204-1

As normas de segurança que abordam aspectos mais específicos e podem tratar, por exemplo, de um dispositivo de proteção que pode ser utilizado em uma variedade de máquinas.

    TIPO "B"

As normas do Tipo B se subclassificam em B1 e B2.

Normas do Tipo B1 tratam de aspectos particulares de segurança:

    - Distância de segurança   - NBR 13857

    - Partida inesperada   - NBR 14154

    - Sistemas de comando   - NBR 14153

CLASSIFICAÇÃO DA NORMAS

Normas do Tipo B2 tratam de dispositivos de proteção:

- Dispositivos de intertravamento — ISO 14119

- Comandos bimanuais — NBR 14152

- Parada de emergência — NBR 13759

Normas que abordam requisitos detalhados de segurança para uma máquina, equipamento ou grupo de máquinas em particular.

TIPO "C"

- Robô colaborativo — ISO/TS 15066

- Robô industrial — ISO 10218-1

- Prensas mecânicas — NBR 13930

NORMA BRASILEIRA   **ABNT NBR ISO 12100**

Primeira edição: 17.12.2013

Válida a partir de 17.01.2014

Segurança de máquinas — Princípios gerais de projeto — Apreciação e redução de riscos

---

FIGURA 35 — Segurança de máquinas.
FONTE: O AUTOR

O capítulo seguinte trata da apreciação de riscos.

07

APRECIAÇÃO DE RISCOS

OBJETIVOS

Este capítulo tem o intuito de auxiliar a compreensão das normas aplicáveis e destaca as definições e estratégias para apreciação e redução de riscos, medidas de proteção, processos, fluxogramas, estimativas e avaliação de riscos.

Por onde começar uma apreciação de riscos?

As normas são um excelente caminho de instrução. São apanhados de informações preciosas que ao longo dos anos foram coletadas e estão à disposição de quem inicia na carreira de segurança do trabalho.

A apreciação de riscos relacionados às máquinas e equipamentos é observada de acordo com os princípios da NR 12, a norma ABNT NBR ISO 12100:2013 — Segurança de máquinas — Princípios gerais de projeto — Apreciação e redução de riscos, que especifica, além da terminologia básica, os princípios e, ainda, uma metodologia para a obtenção da segurança em projetos de máquinas. Essa norma oferece princípios para apreciar e reduzir riscos e que auxiliam engenheiros e projetistas a alcançar segurança no desenvolvimento do projeto.

A norma auxilia e orienta evidenciando a necessidade de gerar documentação de todo o processo de apreciação e redução de risco não apenas para evidenciar, mas também para demonstrar o procedimento que foi seguido e os resultados observados.

De acordo com a norma ABNT NBR ISO 12100:2013, apreciação de risco é o processo completo que compreende a análise de risco e a avaliação de risco.

APRECIAÇÃO DE RISCOS

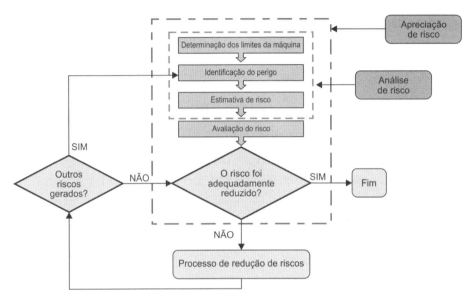

FIGURA 36 — Fluxograma de apreciação de riscos.
FONTE: O AUTOR

7.1 TERMOS E DEFINIÇÕES

A ABNT NBR ISO 12100 conta com uma terminologia que serve de referência para a harmonização de diversas normas relevantes para segurança de máquinas e equipamentos e robótica no Brasil. Esse processo de harmonização traz muitos benefícios, e dentre eles se destaca o uso de uma linguagem acessível para facilitar e padronizar o entendimento dos conceitos praticados.

A seguir, alguns exemplos de termos usados na norma:

Estimativa de risco

Definição da provável gravidade de um dano e a probabilidade de sua ocorrência.

Análise de risco

Combinação da especificação dos limites da máquina, identificação de perigos e estimativa de riscos.

Avaliação de risco

Julgamento com base na análise de risco do quanto os objetivos de redução de risco foram atingidos.

Apreciação de risco

Processo completo que compreende a análise de risco e a avaliação de risco.

É recomendado o estudo da norma ABNT NBR ISO 12100:2013 por ser um material com um excelente conteúdo para a formação dos principais conceitos relevantes para a apreciação de risco. Essa norma foi escrita de forma modularizada, buscando explicar sua metodologia com a aplicação de conceitos que solidificam a base do conhecimento necessário para o desenvolvimento de uma apreciação de risco eficaz.

Fonte: Norma ABNT NBR ISO 12100:2013

7.2 ESTRATÉGIA PARA APRECIAÇÃO E REDUÇÃO DE RISCOS

Para executar a apreciação de riscos e, consequentemente, a redução deles, o projetista deve levar em consideração as seguintes etapas:

a. **Determinação dos limites da máquina,** *considerando seu uso devido, bem como quaisquer formas de mau uso razoavelmente previsíveis.*

b. **Identificação dos perigos** *e de situações perigosas associadas.*

c. **Estimativa de risco** *para cada perigo ou situação perigosa.*

d. **Avaliação de risco** *e tomada de decisão quanto à necessidade de redução de riscos.*

APRECIAÇÃO DE RISCOS

e. **Eliminação do perigo ou redução de risco** *associado ao perigo por meio de medidas de proteção.*

As etapas de "a" a "d" *compõem o processo de apreciação de risco.*

A etapa "e" compõe *o processo de redução de riscos.*

Fonte: Norma ABNT NBR ISO 12100:2013

A apreciação de riscos é um processo composto por uma série de etapas que permitem, de forma sistemática, analisar e avaliar os riscos associados à máquina.

A apreciação de riscos é seguida, sempre que necessário, pela redução de riscos. A interação desse processo pode ser necessária para eliminar o máximo de perigos possíveis, assim como reduzir adequadamente os riscos por meio da implementação de medidas de proteção.

Assume-se que, quando presente em uma máquina, um perigo, cedo ou tarde, levará a um dano, se medidas de proteção ou outras não forem implementadas. Alguns exemplos de perigo foram extraídos do Anexo B da Norma ABNT NBR ISO 12100:

Número	Tipo ou grupo	Origem	Potenciais consequências
1	Perigos mecânicos	Aceleração, desaceleração Cantos vivos Aproximação de um elemento móvel a uma parte fixa Corte de peças Queda de objetos Elementos rotativos Energia cinética	Atropelamentos Arremessos Esmagamento Corte ou mutilação Escorregamento, tropeço e queda Segurar ou prender

FIGURA 37 – Perigos mecânicos conforme a norma ABNT NBR ISO 12100.
FONTE: ADAPTADO DE ABNT NBR ISO 12100

Número	Tipo ou grupo	Origem	Potenciais consequências
2	Perigos elétricos	Arcos Fenômenos magnéticos Partes vivas Baixa rigidez dielétrica Partes vivas sob condições de falha Curto-circuito Radiação térmica	Queimadura Efeitos químicos Efeitos em implantes médicos Eletrocussão Queda ou arremesso Incêndio Projeção de fagulhas Choque

FIGURA 38 — Perigos elétricos conforme a norma ABNT NBR ISO 12100.

FONTE: ADAPTADO DE ABNT NBR ISO 12100

Número	Tipo ou grupo	Origem	Potenciais consequências
3	Perigos térmicos	Explosão Incêndio Objetos ou materiais com alta ou baixa temperatura Radiação proveniente de fontes quentes	Queimadura Desidratação Desconforto Congelamento Danos causados pela radiação de fontes quentes Escaldo

FIGURA 39 — Perigos térmicos conforme a norma ABNT NBR ISO 12100.

FONTE: ADAPTADO DE ABNT NBR ISO 12100

APRECIAÇÃO DE RISCOS

Número	Tipo ou grupo	Origem	Potenciais consequências
4	Perigos ligados ao ruído	Fenômeno de cavitação Processos de produção (estampagem, corte etc.) Partes móveis	Desconforto Perda permanente da audição Estresse

FIGURA 40 — Perigos ligados ao ruído conforme a norma ABNT NBR ISO 12100.
FONTE: ADAPTADO DE ABNT NBR ISO 12100.

Número	Tipo ou grupo	Origem	Potenciais consequências
5	Perigos ligados à vibração	Fenômeno de cavitação Desalinhamento de partes móveis Equipamentos que vibram	Desconforto Morbidade lombar Disfunções vasculares

FIGURA 41 — Perigos ligados à vibração conforme a norma ABNT NBR ISO 12100.
FONTE: ADAPTADO DE ABNT NBR ISO 12100

Número	Tipo ou grupo	Origem	Potenciais consequências
6	Perigos ligados à radiação	Fontes de radiação ionizante Radiações eletromagnéticas em radiofrequência	Queimadura Efeitos cancerígenos

FIGURA 42 — Perigos ligados à radiação conforme a norma ABNT NBR ISO 12100.
FONTE: ADAPTADO DE ABNT NBR ISO 12100

7.3 MEDIDAS DE PROTEÇÃO

As medidas de proteção recomendadas pela norma ABNT NBR ISO 12110 são a combinação de medidas implementadas pelo projetista e pelo usuário. Medidas que podem ser incorporadas durante o projeto da máquina são preferíveis em relação às implementadas pelo usuário e geralmente comprovam maior efetividade.

O objetivo a ser atingido é a melhor redução de risco possível, levando-se em consideração os quatro fatores mencionados a seguir.

- *A segurança da máquina durante todas as fases do seu ciclo de vida.*
- *A capacidade da máquina de executar suas funções.*
- *A operacionalidade da máquina.*
- *Os custos de fabricação, operação e desmontagem da máquina.*

A norma evidencia, ainda, outros pontos importantes em duas notas:

> **NOTA 1** *A aplicação ideal destes princípios requer conhecimento do uso da máquina, histórico de acidentes, registros de doenças ocupacionais, técnicas de redução de riscos disponíveis e legislação vigente em que o uso da máquina se enquadra.*

> **NOTA 2** *O projeto da máquina, ainda que aceitável em certo momento, pode não ser mais justificado na medida em que o desenvolvimento tecnológico possa permitir um projeto equivalente que ofereça menor risco.*

Fonte: Norma ABNT NBR ISO 12100:2013

7.4 FLUXOGRAMA DE PROCESSO

Para realizar uma apreciação de risco de acordo com a norma ABNT NBR ISO 12100:2013, devem ser executadas as seguintes etapas:

APRECIAÇÃO DE RISCOS

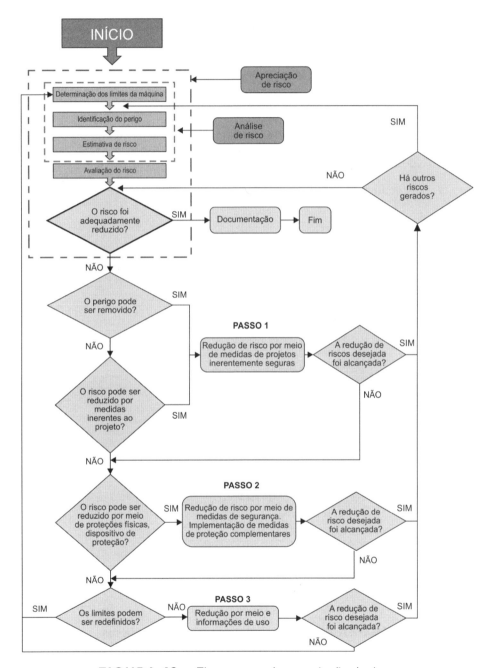

FIGURA 43 — Fluxograma de apreciação de risco.
FONTE: NORMA ABNT NBR ISO 12100:2013

7.5 APRECIAÇÃO DE RISCOS

A apreciação de riscos é composta pelas seguintes etapas:

- Análise de riscos, que, por sua vez, compreende:
    - Determinação dos limites da máquina.
    - Identificação dos perigos.
    - Estimativa de riscos.
- Avaliação de riscos:
    - Oferece informações necessárias para a avaliação dos riscos, a qual permite que se façam os julgamentos quanto à necessidade ou não de redução deles.

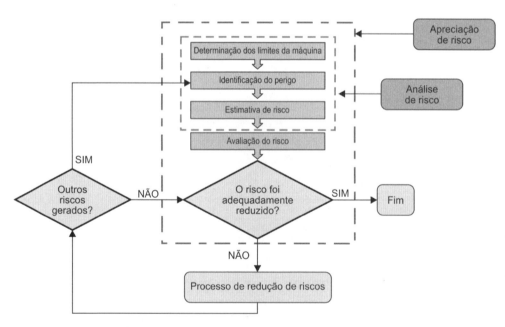

FIGURA 44 – Fluxograma de avaliação de riscos.
FONTE: NORMA ABNT NBR ISO 12100:2013

APRECIAÇÃO DE RISCOS

7.6 DADOS PARA A APRECIAÇÃO DE RISCOS

Os dados necessários para a construção de uma apreciação de riscos são:

- Descrição da máquina:
  - Especificações de uso.
  - Especificações antecipadas da máquina, incluindo:
    - Descrição das diversas fases de todo o ciclo de vida da máquina.
    - Desenhos estruturais ou outros meios que estabeleçam a natureza da máquina.
    - Fontes de energia necessárias e como são supridas.
- Documentos de projetos anteriores de máquinas similares, se relevantes.
- Informações para o uso da máquina, se disponíveis.

A informação deve ser atualizada à medida que o projeto é desenvolvido ou quando modificações na máquina são requeridas.

Fonte: Norma ABNT NBR ISO 12100:2013

7.7 DETERMINAÇÃO DOS LIMITES DA MÁQUINA

- **Limites de uso:** incluem o uso devido da máquina e as formas de mau uso razoavelmente previsíveis.
- **Limites de espaço:** os aspectos considerados para determinar os limites de espaço são:
  - Cursos de movimento.
  - Espaços destinados a pessoas que interagem com a máquina, tanto em operação como em manutenção.
  - Interação humana, como a interface homem-máquina.

- ▶ Conexão da máquina com as fontes de suprimento de energia.
- **Limites de tempo:** os aspectos considerados para determinar os limites de tempo são:
  - ▶ A vida útil da máquina e/ou de alguns de seus componentes (ferramental, partes que podem se desgastar, componentes eletromecânicos etc.), levando em consideração o uso devido da máquina e o mau uso razoavelmente previsível.
  - ▶ Intervalos de serviço recomendados.

  Fonte: Norma ABNT NBR ISO 12100:2013

- Outros limites: a seguir são mencionados alguns exemplos:
  - ▶ Propriedades dos materiais a serem processados.
  - ▶ Limpeza e organização.
  - ▶ Meio ambiente:
    - ◆ As condições de temperatura máximas e mínimas recomendadas.
    - ◆ Possibilidade de operação da máquina em ambientes externos ou internos.
    - ◆ Clima seco ou úmido.
    - ◆ Incidência direta da luz solar.
    - ◆ Tolerância a poeira e líquidos.

  Fonte: Norma ABNT NBR ISO 12100:2013

7.8 IDENTIFICAÇÃO DOS PERIGOS

O próximo passo em uma apreciação de riscos é identificar os perigos razoavelmente previsíveis (perigos permanentes e perigos que possam surgir inesperadamente), as situações perigosas e os eventos perigosos envolvendo a interação humana que possam ocorrer durante todo o ciclo de vida da máquina.

APRECIAÇÃO DE RISCOS

- Transporte, montagem e instalação.
- Preparação para uso (comissionamento).
- Uso.
- Desmontagem, desativação e descarte.

Fonte: Norma ABNT NBR ISO 12100:2013

Durante todo o desenvolvimento do projeto, devem ser identificados os perigos, considerando:

Ponto primordial:

"Interação humana durante todo o ciclo de vida da máquina."

Outros pontos a observar:

- *Ajustes.*
- *Testes.*
- *Programação, instrução.*
- *Troca de ferramenta.*
- *Partida da máquina.*
- *Todos os modos de operação.*
- *Alimentações da máquina.*
- *Retirada do produto da máquina.*
- *Parada da máquina.*
- *Parada da máquina em caso de emergência.*
- *Retomada da operação após emperramento ou bloqueio.*
- *Nova partida após parada inesperada.*
- *Detecção de defeitos e resolução de problemas.*
- *(intervenção do operador).*
- *Limpeza e organização.*
- *Manutenção preventiva.*
- *Manutenção corretiva.*

Fonte: Norma ABNT NBR ISO 12100:2013

7.9 ESTIMATIVA DE RISCOS

A etapa posterior à identificação dos perigos é a estimativa de risco para cada situação de perigo.

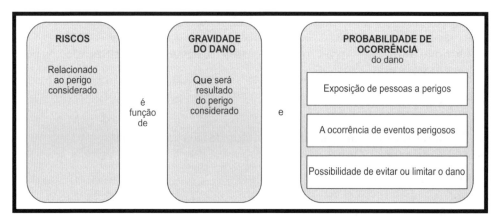

FIGURA 45 – Elementos de risco.
FONTE: NORMA ABNT NBR ISO 12100:2013

7.10 AVALIAÇÃO DE RISCOS

Após a estimativa do risco ter sido concluída, a avaliação de riscos deve ser realizada para determinar se é necessária a redução do risco. Se esta for necessária, então medidas de proteção adequadas devem ser selecionadas e implementadas.

O objetivo de redução do risco pode ser alcançado pela eliminação dos perigos, seja individual ou simultaneamente, reduzindo cada um dos dois elementos que determinam o risco a eles associado:

- Gravidade dos danos causados pelo perigo em questão.
- Probabilidade de ocorrência desse dano.

APRECIAÇÃO DE RISCOS

A Norma ABNT NBR ISO 12100 discorre mais profundamente sobre outros aspectos durante o processo de identificação de perigos que devem fazer parte do conhecimento de engenheiros, técnicos e projetistas de máquinas.

Fonte: Norma ABNT NBR ISO 12100:2013

NORMA BRASILEIRA   **ABNT NBR 14153**

Segunda edição 27.05.2013, válida a partir de 27.06.2013

Segurança de máquinas — Partes de sistemas de comando relacionados à segurança — Princípios gerais para projeto

---

FIGURA 46 — Segurança de máquinas.
FONTE: NORMA ABNT NBR 14153

CATEGORIA DE RISCO

OBJETIVOS

A definição da categoria de risco de um equipamento é uma fase muito importante. Para essa fase, é fundamental a compreensão das características das funções e categorias de segurança que são descritas neste capítulo.

8.1 DEFINIÇÃO

A categoria de risco define quais dispositivos serão utilizados para que o sistema de segurança de um equipamento seja adequado e funcional. Isso torna o trabalho mais seguro para o trabalhador, que muitas vezes trabalha durante a vida toda com máquinas e precisa de suporte adequado.

A norma específica os requisitos de segurança estabelece um guia sobre os princípios para o projeto (ver ABNT NBR NM 213-1) de partes de sistemas de comando relacionadas à segurança.

Para essas partes a norma específica categorias e descreve as características de suas funções de segurança. Isso inclui sistemas programáveis para todos os tipos de máquinas e dispositivos de proteção relacionados.

Esta norma se aplica a todas as partes de sistemas de comando relacionadas à segurança, independentemente do tipo de energia aplicado como, por exemplo, elétrica, hidráulica, pneumática, mecânica. Esta norma não especifica que funções de segurança e que categorias devem ser aplicadas em um caso particular.

Ela abrange todas as aplicações de máquinas para uso profissional ou não profissional e, onde apropriado, pode ser aplicada às partes de sistemas de comando relacionadas à segurança, utilizadas em outras aplicações técnicas.

Fonte: Norma ABNT NBR 14153:2013

CATEGORIA DE RISCO

8.2 TERMOS E DEFINIÇÕES

No estudo desta norma, ABNT NBR 14153, alguns termos são muito usados, que devemos conhecer e com os quais nos familiarizar para melhor entendimento e aplicação durante a apreciação de risco.

Parte de sistema de comando relacionada à segurança

Parte ou subparte de sistema de comando é o que responde aos sinais de entrada do equipamento sob comando (e/ou de um operador) e gera sinais de saída relacionados com segurança. As partes combinadas de um sistema de comando relacionadas à segurança começam no ponto em que os sinais relacionados à segurança são gerados e terminam na saída dos elementos de controle de potência (ver ABNT NBR NM 213-1). Isso também inclui sistemas de monitoração.

Categoria

Classificação das partes de um sistema de comando relacionadas à segurança, com respeito à sua resistência a defeitos e seu subsequente comportamento na condição de defeito, que é alcançada pelos arranjos estruturais das partes e/ou por sua confiabilidade.

Segurança de sistemas de comando

Habilidade de desenvolver sua(s) função(ões) para um dado período, de acordo com sua categoria especificada, baseada em seu comportamento no caso de defeito(s).

Defeito

Estado de um item caracterizado pela inabilidade de desenvolver a função requerida, excluindo a inabilidade durante manutenções preventivas ou outras ações planejadas, ou devido à perda de recursos externos.

Um defeito é, frequentemente, o resultado de uma falha do próprio item, porém pode existir sem falha prévia.

Fonte: Norma ABNT NBR 14153:2013

Falha

Término da habilidade de um item em desenvolver uma função requerida.

Nota 1: Após a falha, o item tem um defeito.

Nota 2: Falha é um evento, distintamente de defeito, que é um estado.

Nota 3: Esse conceito, como definido, não se aplica a item constituído apenas por software.

Nota 4: Na prática, os termos defeito e falha são frequentemente usados como sinônimos.

Função segurança de sinais de comando

Função iniciada por um sinal de entrada e processada pelas partes do sistema de comando, relacionadas à segurança, para permitir à máquina (como um sistema) alcançar um estado seguro.

Pausa

Suspensão temporária automática da(s) função(ões) de segurança por partes do sistema de comando relacionadas à segurança.

Rearme manual

Função onde as partes de um sistema de comando relacionadas à segurança recuperam manualmente suas funções de segurança antes do reinício de operação da máquina

Fonte: Norma ABNT NBR 14153:2013

CATEGORIA DE RISCO

8.3 CARACTERÍSTICAS DAS FUNÇÕES DE SEGURANÇA

8.3.1 FUNÇÃO DE PARADA

Uma função de parada iniciada por um dispositivo de proteção deve, após sua atuação, tão rápido quanto necessário, colocar a máquina em condição segura.

8.3.2 FUNÇÃO DE PARADA DE EMERGÊNCIA

Quando um grupo de máquinas trabalha de forma coordenada, as partes relacionadas à segurança devem ter meios de sinalizar uma função de parada de emergência a todas as partes do sistema coordenado.

8.3.3 REARME MANUAL

Após o início de um comando de parada por um dispositivo de proteção, a condição de parada deve ser mantida até a atuação manual do dispositivo de rearme e até que uma condição segura de operação exista.

8.3.4 PARTIDA E REINÍCIO

O reinício do movimento deve ocorrer automaticamente apenas se houver a possibilidade de uma situação. Ver EN 292-2 para proteções de controle. Esses requisitos de partida e reinício de movimento também devem se aplicar a máquinas que podem ser controladas remotamente.

8.3.5 TEMPO DE RESPOSTA

O projetista ou o fabricante deve declarar o tempo de resposta quando a apreciação do risco referente a parte de sistema de comando relacionada à segurança indicar que isso é necessário.

Fonte: *Norma ABNT NBR 14153:2013*

8.3.6 PARÂMETROS RELACIONADOS À SEGURANÇA

Quando parâmetros relacionados à segurança (por exemplo, posição, velocidade, temperatura e pressão) se desviam dos limites preestabelecidos, o sistema de comando deve iniciar medidas apropriadas (por exemplo, atuação da função parada, sinal de alarme e advertência).

8.3.7 FUNÇÃO DE COMANDO LOCAL

Os meios para a seleção do comando local devem estar situados fora da zona de perigo.

8.3.8 PAUSA

A pausa não deve resultar na exposição de qualquer pessoa a uma situação de perigo. Durante uma pausa, condições seguras devem ser asseguradas por outros meios. Ao final da pausa, todas as funções de segurança das partes relacionadas à segurança do sistema de comando devem ser restabelecidas.

Aqui descrevemos uma breve definição de cada ação com base no texto da norma. Para formar uma base mais completa para o entendimento necessário, é então primordial o entendimento da norma como um todo por meio de estudo e trabalho buscando obter vivência prática e experiência.

8.4 CATEGORIAS DE SEGURANÇA

As partes relacionadas à segurança de sistemas de comando devem estar de acordo com os requisitos de uma ou mais das cinco categorias específicas que são descritas a seguir.

CATEGORIA DE RISCO

Categoria	Requisitos e comportamento do sistema	Princípios para atingir a segurança
B	A ocorrência de um defeito pode levar à perda da função de segurança. A categoria B fornece requisitos básicos que também são necessários para todas as outras categorias (1, 2, 3 e 4). Os requisitos para a categoria B significam que os componentes são adequados para o uso pretendido com relação a projeto, construção, seleção, montagem e condições ambientais, como temperatura, poeira e estresse operacional.	Caracterizada principalmente pela seleção de componentes.
1	A ocorrência de um defeito pode levar à perda da função de segurança, porém a probabilidade de ocorrência é menor que para a categoria B.	Caracterizada principalmente pela estrutura.
2	A função de segurança é verificada em intervalos pelo sistema. A verificação das funções de segurança deve ser efetuada na partida da máquina e periodicamente, durante a operação, se a avaliação de risco apontar que isso é necessário. A ocorrência de um defeito pode levar à perda da função de segurança entre as verificações, sendo que essa condição é detectada pela verificação.	Caracterizada principalmente pela estrutura.
3	Nessa categoria, quando ocorrer o defeito isolado, a função de segurança deve sempre ser executada. Porém pode ocorrer que somente alguns defeitos sejam detectados, e o acúmulo de defeitos não detectados pode levar à perda da função de segurança.	Caracterizada principalmente pela estrutura.
4	Nessa categoria, as partes dos sistemas de comando relacionadas à segurança devem ser projetadas de modo que uma falha isolada em qualquer dessas partes relacionadas à segurança não leve à perda das funções de segurança. Além disso, caso uma falha isolada não seja detectada antes ou durante a próxima atuação sobre a função de segurança, o acúmulo de defeitos não deve levar à perda das funções de segurança.	Caracterizada principalmente pela estrutura.

FIGURA 47 — Categorias de segurança.
FONTE: NORMA ABNT NBR 14153:2013

8.4.1 CATEGORIA B

As partes de sistemas de comando relacionadas à segurança, como mínimo, devem ser projetadas, construídas, selecionadas, montadas e combinadas de acordo com as normas relevantes usando os princípios básicos de segurança para a aplicação específica, de tal forma que resistam a:

- Fadiga operacional prevista, como, por exemplo, a confiabilidade com respeito à capacidade e frequência de comutação.
- Influência do material processado ou utilizado no processo, como, por exemplo, detergentes em máquinas de lavar.
- Outras influências externas relevantes, como, por exemplo, vibrações mecânicas, campos externos, distúrbios ou interrupção do fornecimento de energia.

Fonte: Norma ABNT NBR 14153:2013

8.4.2 CATEGORIA 1

Devem ser aplicados os requisitos da categoria B e os desta subseção.

As partes de sistemas de comando relacionadas à segurança de categoria 1 devem ser projetadas e construídas utilizando componentes bem ensaiados e princípios de segurança comprovados.

Um componente bem ensaiado para uma aplicação relacionada à segurança é aquele:

- Largamente empregado no passado com resultados satisfatórios em aplicações similares.
- Construído e verificado utilizando-se princípios que demonstrem sua adequação e confiabilidade para aplicações relacionadas à segurança.
- Em alguns componentes bem ensaiados, certos defeitos podem também ser excluídos em razão de ser conhecida a incidência de defeitos e esta ser muito baixa.
- A decisão de se aceitar um componente particular como bem ensaiado pode depender de sua aplicação.

Fonte: Norma ABNT NBR 14153:2013

CATEGORIA DE RISCO

8.4.3 CATEGORIA 2

Devem ser aplicados os requisitos da categoria B, o uso de princípios de segurança comprovados e os requisitos desta subseção.

As partes de sistemas de comando relacionadas à segurança de categoria 2 devem ser projetadas de tal forma que sejam verificadas em intervalos adequados pelo sistema de comando da máquina. A verificação das funções de segurança deve ser efetuada:

- Na partida da máquina e antes do início de qualquer situação de perigo.
- Periodicamente durante a operação, se a avaliação do risco e o tipo de operação mostrarem que isso é necessário.

O início dessa verificação pode ser automático ou manual. Qualquer verificação da(s) função(ões) de segurança deve:

- Permitir a operação se nenhum defeito foi constatado.
- Gerar um sinal de saída, que inicia uma ação apropriada do comando se um defeito foi constatado. Sempre que possível, esse sinal deve comandar um estado seguro. Quando não for possível comandar um estado seguro, como, por exemplo, fusão de contatos no dispositivo final de comutação, a saída deve gerar um aviso do perigo.

A verificação por si só não deve levar a uma situação de perigo. O equipamento de verificação pode ser parte integrante, ou não, da(s) parte(s) relacionada(s) à segurança que processa(m) a função de segurança.

Fonte: Norma ABNT NBR 14153:2013

8.4.4 CATEGORIA 3

Devem ser aplicados os requisitos da categoria B, o uso de princípios comprovados de segurança e os requisitos desta subseção.

Partes relacionadas à segurança de sistemas de comando de categoria 3 devem ser projetadas de tal forma que um defeito isolado em qualquer dessas partes não leve à perda das funções de segurança. Defeitos de modos comuns devem ser considerados quando a probabilidade da ocorrência de tal defeito for significativa.

Sempre que razoavelmente praticável, o defeito isolado deve ser detectado durante — ou antes — a próxima solicitação da função de segurança.

NOTAS

1. Esse requisito de detecção do defeito isolado não significa que todos os defeitos serão detectados. Consequentemente, o acúmulo de defeitos não detectados pode levar a um sinal de saída indesejado e a uma situação de perigo na máquina.

    Exemplos típicos de medidas utilizadas para a detecção de defeitos são os movimentos conectados de relés de contato ou a monitoração de saídas elétricas redundantes.

2. Se necessário, em razão da tecnologia e aplicação, os elaboradores de normas do tipo C devem fornecer maiores detalhes sobre a detecção de defeitos.

3. O comportamento de sistema de categoria 3 permite que:

    ▶ Quando o defeito isolado ocorre, a função de segurança sempre é cumprida.

    ▶ Alguns, mas não todos os defeitos, sejam detectados.

    ▶ O acúmulo de defeitos não detectados leve à perda da função de segurança.

4. "Sempre que razoavelmente praticável" significa que as medidas necessárias para a detecção de defeitos e o âmbito em que são implementadas dependem principalmente da consequência de um defeito e da probabilidade da ocorrência desse defeito dentro dessa aplicação.

    A tecnologia aplicada influenciará as possibilidades da implementação da detecção de defeitos.

Fonte: Norma ABNT NBR 14153:2013

8.4.5 CATEGORIA 4

Devem ser aplicados os requisitos da categoria B, o uso de princípios comprovados de segurança e os requisitos desta subseção.

Partes de sistemas de comando relacionadas à segurança de categoria 4 devem ser projetadas de tal forma que:

- Uma falha isolada em qualquer dessas partes relacionadas à segurança não leve à perda das funções de segurança.
- A falha isolada é detectada antes ou durante a próxima atuação sobre a função de segurança, como, por exemplo, imediatamente ao ligar o comando ao final do ciclo de operação da máquina. Se essa detecção não for possível, o acúmulo de defeitos não deve levar à perda das funções de segurança.

Se a detecção de certos defeitos não for possível ao menos durante a verificação seguinte à ocorrência do defeito por razões de tecnologia ou engenharia de circuitos, a ocorrência de defeitos posteriores deve ser admitida. Nessa situação, o acúmulo de defeitos não deve levar à perda das funções de segurança.

A revisão de defeitos pode ser suspensa quando a probabilidade de ocorrência de defeitos posteriores for considerada como sendo suficientemente baixa. Nesse caso, o número de defeitos em combinação que precisam ser levados em consideração dependerá da tecnologia, estrutura e aplicação, mas deve ser suficiente para atingir o critério de detecção.

Fonte: Norma ABNT NBR 14153:2013

OBSERVAÇÕES

1. Na prática, o número de defeitos que precisam ser considerados variará consideravelmente. Por exemplo, no caso de circuitos complexos de microprocessadores, muitos defeitos podem existir, porém em um circuito eletro-hidráulico, a consideração de três (ou mesmo dois) defeitos pode ser suficiente. Essa revisão de defeitos pode ser limitada a dois defeitos em combinação, quando:

    ▶ A taxa de defeitos de componentes for baixa.

    ▶ Os defeitos em combinação são bastante independentes uns dos outros.

    ▶ A interrupção da função de segurança ocorre somente quando os defeitos aparecem em uma certa ordem.

    Se defeitos posteriores ocorrerem como resultado do primeiro defeito isolado, o primeiro e todos os defeitos consequentes devem ser considerados como defeitos isolados. Defeitos de modo comum devem ser levados em consideração, por exemplo, utilizando-se diversidade e procedimentos especiais para identificar tais defeitos.

2. No caso de estruturas de circuitos complexos (por exemplo, microprocessadores, redundâncias completas), a revisão de defeitos é geralmente executada em nível estrutural, isto é, baseado em grupos de montagem.

3. O comportamento de sistema de categoria 4 permite que:

    ▶ Quando os defeitos ocorrerem, a função de segurança seja sempre processada.

    ▶ Os defeitos serão detectados a tempo de impedir a perda da função de segurança.

Fonte: Norma ABNT NBR 14153:2013

CATEGORIA DE RISCO

8.4.6 GUIA PARA SELEÇÃO DE CATEGORIAS DE SEGURANÇA

O Anexo B da Norma ABNT NBR NM 14153 descreve uma metodologia para a determinação da categoria de segurança.

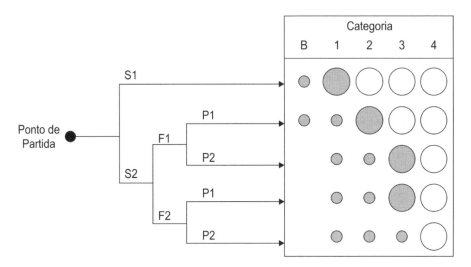

- **S Severidade do ferimento**
    - *S1* Ferimento leve (normalmente reversível)
    - *S2* Ferimento sério (normalmente irreversível), incluindo morte
- **F Frequência e/ou tempo de exposição ao perigo**
    - *F1* Raro a relativamente frequente e/ou baixo tempo de exposição
    - *F2* Frequente a contínuo e/ou tempo de exposição longo
- **P Possibilidade de evitar o perigo**
    - *P1* Possível sob condições específicas
    - *P2* Quase nunca possível

B, 1 a 4 Categorias para partes relacionadas à segurança de sistemas de comando

Categorias preferenciais para pontos de referência

Categorias possíveis que requerem medidas adicionais

Medidas que podem ser superdimensionadas para risco relevante

FIGURA 48 — Seleção de categorias de segurança.
FONTE: NORMA ABNT NBR 14153:2013

RELATÓRIO TÉCNICO	ABNT ISO/TR 14121-2
Primeira edição: 13.12.2018	
Segurança de máquinas — Apreciação de riscos	
Parte 2: Guia prático e exemplos de métodos	

FIGURA 49 — Segurança de máquinas.
FONTE: NORMA ABNT ISO/TR 14121-2

09

IDENTIFICAÇÃO DE RISCOS

OBJETIVOS

Neste capítulo faremos uma breve descrição das metodologias para a identificação de riscos e sua importância para a obtenção de melhores resultados. Porém fica evidenciado, assim como nas breves explicações feitas das normas anteriormente expostas nesta obra, que é necessário um estudo completo da norma para embasamento teórico. Esse embasamento, associado à vivência no trabalho, trará os resultados esperados, ou seja, mitigar o maior número de riscos possíveis em relação ao perigo apresentado.

Estimar os riscos aos quais um trabalhador está exposto diante do trabalho com um equipamento é de fundamental importância. Os riscos devem ser identificados e evidenciados com clareza. O critério a ser utilizado deve ser estudado e executado muitas vezes, para tornar o procedimento prático, e quanto mais detalhado, melhor é o resultado.

Os objetivos principais da apreciação de risco são identificar os perigos e estimar e avaliar os riscos, para que eles possam ser reduzidos. A Norma ABNT ISO/TR 14121-2 oferece três metologias para a estimativa de riscos.

Posteriormente, medidas deverão ser tomadas para que a mitigação do risco em questão ocorra. Após essa etapa, nova aplicação da metodologia deve ser realizada para que se possa verificar se o risco foi realmente mitigado.

9.1 IDENTIFICAÇÃO DO PERIGO

A Norma 14121-2 apresenta metodologias para a identificação dos perigos e deve ser aplicada em todas as fases da vida útil do equipamento ou máquina.

IDENTIFICAÇÃO DE RISCOS

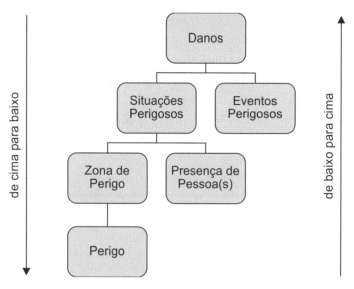

FIGURA 50 — Identificação de riscos.
FONTE: O AUTOR

A metodologia oferece duas abordagens para a identificação do perigo. A abordagem a ser utilizada de cima para baixo leva em consideração as consequências possíveis, já a abordagem de baixo para cima leva em consideração as falhas e erros humanos.

A metodologia faz referências à norma ABNT NBR ISO 12100:2013 e suas tabelas B.1 e B.2. A norma oferece, ainda, outra metodologia para a identificação de perigo, que envolve a aplicação de formulários.

9.2 ESTIMATIVA DE RISCOS

Os dois principais elementos de risco são:

- A gravidade do dano.
- A probabilidade de ocorrência.

Para auxiliar o processo de se estimar os riscos, encontramos na ABNT ISO/TR 14121-2 várias ferramentas para serem utilizadas.

9.2.1 MATRIZ DE RISCO

A matriz de risco é uma tabela multidimensional que permite a combinação de qualquer categoria de gravidade do dano com qualquer categoria de probabilidade de ocorrência desse dano.

A utilização de uma matriz de risco é simples. Para cada situação perigosa que tenha sido identificada, uma categoria para cada parâmetro é selecionada a partir das definições dadas.

Probabilidade de ocorrência do dano	Gravidade do dano			
	Catastrófica	Grave	Moderada	Baixa
Muito provável	Alta	Alta	Alta	Média
Provável	Alta	Alta	Média	Baixa
Improvável	Média	Média	Baixa	Desprezível
Remota	Baixa	Baixa	Desprezível	Desprezível

FIGURA 51 — Matriz de risco.

FONTE: ADAPTADO DA NORMA ABNT ISO/TR 14121-2

Para cada perigo ou situação perigosa (tarefa), a gravidade dos danos ou as consequências devem ser estimadas.

9.2.1.1 ESTIMATIVA DA GRAVIDADE DO DANO

Os graus de severidade são os seguintes:

- **Catastrófica** — morte, lesão incapacitante permanente ou doença (nesse caso, a pessoa se torna incapaz de voltar ao trabalho).
- **Grave** — lesão grave debilitante ou doença (a pessoa é capaz de retornar ao trabalho em algum momento).
- **Média** — lesão significativa ou doença que requeira mais do que primeiros socorros (a pessoa é capaz de retornar ao mesmo posto de trabalho).
- **Pequena** — nenhuma lesão ou ligeira lesão que requer não mais do que os primeiros socorros (nesse caso, pouco ou nenhum tempo de trabalho é perdido).

IDENTIFICAÇÃO DE RISCOS

A estimativa da gravidade geralmente incide sobre o pior dano que pode ocorrer, pensando-se de forma realista, em vez de sobre a pior consequência concebível.

9.2.1.2 ESTIMATIVA DA PROBABILIDADE DE OCORRÊNCIA

Para cada perigo ou situação perigosa (tarefa), a probabilidade de ocorrência de danos deve ser estimada.

A estimativa da probabilidade de ocorrência de danos pode conter:

- Frequência e duração da exposição a um perigo.
- Número de pessoas expostas.
- Pessoal que executa as tarefas.
- A história da máquina/tarefa.
- Ambiente de trabalho.
- Fatores humanos.
- Confiança das funções de segurança.
- Possibilidade de burlar ou contornar as medidas de redução/proteção contra riscos.
- Capacidade de manter as medidas de redução/proteção contra riscos.
- Capacidade de evitar danos.

Semelhante ao que acontece com a gravidade, há muitas escalas utilizadas para estimar a probabilidade da ocorrência de danos.

- **Muito provável** — é quase certo ocorrer.
- **Provável** — pode ocorrer.
- **Improvável** — não é provável que ocorra.
- **Remota** — tão improvável quanto estar perto de zero.

A probabilidade deve ser relacionada com uma base de intervalo de algum tipo, tal como uma unidade de tempo ou atividade, eventos, as unidades produzidas ou o ciclo de vida de uma instalação, equipamento, processo ou produto. A unidade de tempo pode ser o tempo de vida pretendido da máquina.

9.2.2 GRÁFICO DE RISCO

Um gráfico de risco é baseado em uma árvore de decisão. Cada nó do gráfico representa um parâmetro de risco (gravidade, exposição, probabilidade de ocorrência de um evento perigoso e possibilidade de evitar), e cada ramo a partir de um nó representa uma classe de medida, como, por exemplo, ligeira gravidade.

Para cada situação de risco, uma classe deve ser alocada para cada parâmetro. O caminho no gráfico de risco é então seguido a partir do ponto de partida. Em cada junção, o caminho prossegue no ramo apropriado de acordo com a classe selecionada. Os pontos de ramificação finais em nível ou índice de risco são associados à combinação de classes (ramos) que tenham sido escolhidas. O resultado é uma estimativa de risco qualificada com termos como "alto", "médio", "baixo", um número, por exemplo, de 1 a 6, ou uma carta, por exemplo, A a F.

Gráficos de risco são úteis para ilustrar a quantidade de redução de risco proporcionado por uma medida de redução/proteção do risco e qual parâmetro de risco influencia.

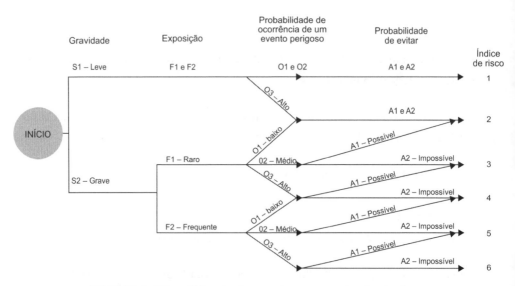

FIGURA 52 — Primeira forma de representação de risco.
FONTE: ADAPTADO DA NORMA ABNT ISO/TR 14121-2

IDENTIFICAÇÃO DE RISCOS

Cálculo do índice de risco						
		O1		O2		O3	
		A1	A2	A1	A2	A1	A2
S1	F1	1				2	
	F2						
S2	F1	2		3		4	
	F2	3	4	5		6	

FIGURA 53 — Segunda forma de representação de risco.
FONTE: ADAPTADO DA NORMA ABNT ISO/TR 14121-2

GRAVIDADE DOS DANOS: S

- **S1:** ferimento leve (normalmente reversível. Exemplos: arranhão, laceração, contusão, ferida exposta exigindo primeiros socorros etc.) sem necessidade de permanecer incapaz de executar a mesma tarefa por mais de dois dias.
- **S2:** ferimento grave (normalmente irreversível, incluindo morte, fraturas, membros amputados ou esmagados, lesões graves, maior trauma musculoesquelético (MST) etc.). O trabalhador permanece incapaz de executar a mesma tarefa por mais de dois dias.

FREQUÊNCIA E/OU DURAÇÃO DA EXPOSIÇÃO AO PERIGO: F

- **F1:** raro a muito frequente e/ou curta duração da exposição.

  Duas vezes ou menos por turno de trabalho ou menos de quinze minutos de exposição acumulada por turno de trabalho.

- **F2:** frequente a contínua e/ou longa duração da exposição.

  Mais do que duas vezes por turno de trabalho ou mais de quinze minutos acumulados de exposição por turno de trabalho.

PROBABILIDADE DE OCORRÊNCIA DE UM EVENTO PERIGOSO: O

- **01:** baixa (tão remota, que pode ser assumido que a ocorrência não pode ser experimentada).

  Tecnologia madura, comprovada e reconhecida em aplicação de segurança; robustez.

- **02:** média (possível de ocorrer em algum momento).

  Falha técnica observada nos dois últimos anos; ação humana inadequada de uma pessoa bem treinada ciente do risco e com mais de seis meses de experiência na estação de trabalho.

- **03:** alta (possível de ocorrer com frequência).

  Falha técnica observada regularmente (a cada seis meses ou menos). Ação humana inadequada de uma pessoa com menos de seis meses de experiência na estação de trabalho.

POSSIBILIDADE DE EVITAR OU REDUZIR DANOS: A

- **A1:** possível sob certas condições.

  Se as peças se movem a uma velocidade inferior a 0,25m/s e o trabalhador exposto está familiarizado com o risco e com a indicação de uma situação perigosa ou de um evento iminente, este tem também de ser capaz de observar a situação perigosa e de reagir.

- Dependendo das condições particulares (temperatura, ruído, ergonomia etc.).

- A2: impossível.

  O resultado dessa primeira estimativa de risco é o de que, para cada situação perigosa é atribuído um índice de risco.

  - ❱ Um índice de risco de 1 ou 2 corresponde ao menor risco.

  - ❱ Um índice de risco de 3 ou 4 corresponde a um risco médio.

  - ❱ Um índice de risco de 5 ou 6 corresponde ao risco mais elevado.

IDENTIFICAÇÃO DE RISCOS

Depois de uma análise dos possíveis meios para reduzir o risco, ele é estimado novamente para o projeto final utilizando o mesmo gráfico de risco, da mesma forma que para o projeto inicial.

O formulário em branco dado como Tabela A4 pode ser usado para documentar os resultados dessa primeira estimativa do risco.

Existem, ainda, mais dois outros métodos para estimar riscos pela norma ABNT ISO/TR 14121-2, porém aqui elas são apenas citadas:

- Pontuação numérica.
- Ferramenta híbrida.

Para mais detalhes sobre esses métodos, aconselha-se o estudo da norma ABNT ISO/TR 14121-2. Para as necessidades de se realizar uma apreciação de risco modelo, os métodos vistos em 11.2.1 e 11.2.2 já são suficientes.

É importante destacar que o estudo completo das normas é sempre o ideal para tornar sólida a sua base de conhecimentos, pois apenas assim se consegue reunir as informações e as metodologias necessárias para trabalhar com apreciação de risco de forma eficaz.

Nos Anexos da norma ABNT ISO/TR 14121-2 podem ser encontrados exemplos de aplicações de todas as metodologias contidas na Norma.

NORMA BRASILEIRA **ABNT NBR ISO 13849-1**

Primeira edição: 26.03.2019

Segurança de máquinas — Partes de sistemas de comando relacionadas à segurança

Parte 1: Princípios gerais de projeto

FIGURA 54 — Segurança de máquinas.
FONTE: NORMA ABNT NBR ISO 13849-1

10

ISO 13849-1

OBJETIVOS

A norma ISO 13849-1, tema deste capítulo, se aplica ao dimensionamento de sistemas de segurança para máquinas. São avaliados os critérios de falhas, o diagnóstico, as categorias em que se classificam, as funções de segurança e a análise de falhas de software.

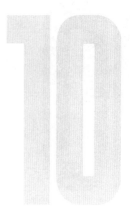

Os fabricantes de máquinas europeus, assim como as indústrias que fazem uso de máquinas, são obrigados por lei a garantir a proteção de pessoas e do ambiente, tal como acontece no Brasil.

A norma ISO 13849 foi desenvolvida com o objetivo de fornecer requisitos para o projeto e a integração de partes de sistemas de controle relacionadas à segurança, incluindo alguns aspectos do software.

A ISO 13849-1 (Segurança de máquinas, partes relacionadas com a segurança de sistemas de controle, princípios gerais de projeto, do inglês *Safety of machinery — safety related parts of control systems — general principles for design*) é a sucessora da norma europeia (*European Norm*) EN 954-1 para o dimensionamento de sistemas de segurança para máquinas.

Essa norma é aplicável a partes relacionadas à segurança de sistemas de controle (SRP/CS, do inglês *Safety Related Parts/Control Systems*) em todos os tipos de máquinas, independentemente da tecnologia utilizada (elétrica, hidráulica etc.). Ela também especifica requisitos para SRP/CS com sistemas eletrônicos programáveis.

Já a norma ISO 13849-2 (Segurança de máquinas — partes relacionadas com a segurança de sistemas de controle — validação, do inglês *Safety of machinery — safety related parts of control systems — validation*) especifica os procedimentos a serem seguidos para a validação pela análise e teste das funções de segurança especificadas, a categoria e o nível de desempenho alcançados pelas partes relacionadas à segurança de um sistema de controle projetado de acordo com ISO 13849-1. A norma ISO 13849-1 é detalhada a seguir.

10.1 REFERÊNCIAS A OUTRAS NORMAS

Um sistema de controle em uma máquina deve ser considerado como relacionado à segurança se contribuir para reduzir qualquer risco a um nível aceitável ou se for necessário que ele funcione corretamente para manter ou obter segurança. Em diversas situações, a norma ISO 13849-1 faz referências à IEC 61508 no que diz respeito aos sistemas embarcados com *software* complexo.

A ISO 13849-1 também faz referências a outras normas, entre elas a ISO 12100 — Segurança de máquinas — Princípios gerais de projeto — Apreciação e Redução de Riscos. A estratégia para a redução de riscos em máquinas é apresentada por essa norma e cobre todo o ciclo de vida da máquina. O processo de análise e redução de riscos de uma máquina determina que os riscos sejam eliminados ou reduzidos por meio de uma hierarquia de medidas:

- Eliminação de riscos ou redução de riscos por projeto (norma ISO 12100-2: 2003, Cláusula 4).
- Redução de riscos através de medidas de proteção (norma ISO 12100-2: 2003, Cláusula 5).
- Redução de risco através do fornecimento de informações para uso que contemplem o risco residual (norma ISO 12100-2: 2003, Cláusula 6).

Os termos que contribuem para os cálculos de confiabilidade para as funções de segurança de acordo com a ISO 13849-1 são descritos nas próximas seções.

10.2 NÍVEL DE DESEMPENHO

Quanto maior o risco, maiores são as exigências para os sistemas de comando. A situação de perigo é dividida em cinco níveis de desempenho (PL — do inglês *Performance Level*), de PL "a" (baixo) até PL "e" (alto). A Figura 55 mostra a relação entre o PL e a probabilidade de falha perigosa por hora.

Nível de Performance (PL)	Probabilidade de falha perigosa por hora
A	$\geq 10^{-5} ... < 10^{-4}$
B	$\geq 3 \times 10^{-6} ... < 10^{-5}$
C	$\geq 10^{-6} ... 3 \times 10^{-6}$
D	$\geq 10^{-7} ... 10^{-6}$
E	$\geq 10^{-8} .... < 10^{-7}$

FIGURA 55 — Nível de performance PL e probabilidade.
FONTE: NORMA ISO 13849-1

Além da probabilidade de falha perigosa por hora, o PL é descrito pelas grandezas apresentadas a seguir.

10.3 CONSIDERAÇÃO DE FALHAS

Conforme a norma ISO 13849-1, os seguintes critérios de falha devem ser levados em consideração:

- Se, como consequência de uma falha, outros componentes falharem, a primeira falha e as demais serão consideradas como uma única falha.

- As falhas de causa comum (CCF — do inglês *Common Cause Failure*) são falhas de diferentes itens resultantes de um único evento em que as falhas não são consequências umas das outras.

- A ocorrência simultânea de duas ou mais falhas com causas separadas é altamente improvável, e, portanto, essa possibilidade não precisa ser considerada.

  A exclusão de falhas, por sua vez, pode ser baseada na improbabilidade técnica da ocorrência de algumas falhas e/ou nos requisitos técnicos relacionados à aplicação e ao perigo específico. Se uma ou mais falhas forem excluídas, torna-se necessário incluir uma justificativa detalhada na documentação técnica.

10.4 COBERTURA DE DIAGNÓSTICO

A cobertura de diagnóstico (DC — do inglês *Diagnostic Coverage*) é a medida da eficácia de diagnóstico, a qual é expressa como a razão entre a taxa de falhas perigosas detectadas e a taxa de falhas perigosas totais. Os níveis de DC são mostrados na Figura 56.

Níveis	Alcance do MTTFd de cada canal
Nenhum	DC < 60%
Baixo	60% ≤ DC < 90%
Médio	90% ≤ DC < 99%
Alto	99% ≤ DC

FIGURA 56 — Cobertura de diagnóstico (DC).
FONTE: O AUTOR

Para a estimativa do percentual de DC, podem ser usados métodos como o Modo de Falha e Análise de Efeitos (FMEA — do inglês *Failure Mode and Effects Analysis*), explicado na norma IEC 60812. Além disso, o anexo E da norma ISO 13849-1 traz uma abordagem simplificada para a estimativa de cobertura de diagnóstico. O monitoramento direto, como o monitoramento da posição elétrica de válvulas de controle e de dispositivos eletromecânicos por elementos de contato ligados mecanicamente, implica em uma cobertura de diagnóstico de 99%. Já o monitoramento de algumas características do sensor, tais como o tempo de resposta e sinais analógicos, como a resistência elétrica e a capacitância, assegura uma cobertura de diagnóstico de 60%.

10.5 TEMPO MÉDIO PARA FALHAS PERIGOSAS DE CADA CANAL

O tempo médio para falhas perigosas de cada canal (MTTFd — do inglês *Mean Time To Dangerous Failure*) é a expectativa do tempo médio para falhas que podem ter como consequência a perda da função de segurança. O MTTFd é expresso em anos e deve ser levado em consideração para cada canal de forma individual no caso de sistemas redundantes. A norma ISO 13849-1 agrupa as variações do MTTFd conforme mostrado na Figura 57.

Níveis	Alcance do MTTFd de cada canal
Baixo	$3 \leq MTTFd < 10$ anos
Médio	$10 \leq MTTFd < 30$ anos
Alto	$30 \leq MTTFd < 100$ anos

FIGURA 57 — Níveis para o MTTFd.
FONTE: O AUTOR

10.6 CATEGORIAS

As categorias classificam as partes de um sistema de comando que são relacionadas à segurança no que diz respeito à sua resistência a defeitos e seu comportamento na condição de defeito, que é alcançada pela combinação e interligação das partes e/ou por sua confiabilidade. Existem cinco categorias definidas: B, 1, 2, 3 e 4, conforme foi explicado na seção 8.4, "Categorias de Segurança", desta obra. A explicação a seguir contém informações complementares referentes à cobertura de diagnóstico em cada categoria.

CATEGORIA B

A categoria B é a categoria básica. Nessa categoria, a ocorrência de uma falha pode levar à perda da função de segurança, e uma maior resistência a falhas é alcançada predominantemente pela seleção de componentes. O SRP/CS deve, no mínimo, ser projetado, construído, selecionado e montado de acordo com as normas relevantes e empregando princípios básicos de segurança para que a aplicação específica possa suportar as tensões operacionais esperadas, a influência do material processado e outras influências externas relevantes, como as vibrações mecânicas, as interferências eletromagnéticas e as interrupções ou distúrbios na fonte de alimentação.

Não há cobertura de diagnóstico nos sistemas dessa categoria, e o MTTFd de cada canal pode ser de baixo a médio. Além disso, a consideração do CCF não é relevante, e o PL máximo atingível é o b. Veja a Figura 58.

FIGURA 58 — Arquitetura para a categoria B.
FONTE: O AUTOR

CATEGORIA 1

Para a categoria 1, aplicam-se os mesmos requisitos da categoria B. Além disso, o SRP/CS deve ser projetado e construído usando-se componentes e princípios de segurança largamente utilizados e testados *("well-tried")*.

Um componente *well-tried* é algo que foi amplamente utilizado com resultados bem-sucedidos em aplicações semelhantes (no mesmo tipo de indústria e/ou processando os mesmos materiais) ou foi projetado e verificado usando-se princípios que demonstram sua adequação e confiabilidade para aplicações relacionadas à segurança (essa condição é válida também para os componentes e princípios de segurança recentemente desenvolvidos). Componentes eletrônicos complexos, tais como CLPs e microprocessadores, não podem ser considerados *well-tried*.

Não há cobertura de diagnóstico nos sistemas dessa categoria, e o MTTFd de cada canal deve ser alto. Além disso, a consideração do CCF não é relevante, e o PL máximo atingível é o *c*. Consequentemente, a perda da função de segurança é menos provável do que na categoria B.

A arquitetura para a categoria 1 é a mesma da categoria B, a qual foi apresentada na Figura 58.

CATEGORIA 2

Para a categoria 2, são aplicáveis os mesmos requisitos da categoria B e devem ser seguidos os princípios de segurança *well-tried*. Os SRP/CS devem ser projetados para que suas funções sejam verificadas em intervalos adequados pelo sistema de controle da máquina. Essas verificações podem ser automáticas e devem ser realizadas na partida da máquina — antes do início de qualquer situação perigosa —, como, por exemplo, no início de um novo ciclo e/ou periodicamente durante a operação caso a avaliação de riscos ateste que é necessário.

As verificações devem permitir a operação se nenhuma falha foi detectada. Se uma falha for detectada, deve ser gerada uma saída que inicie a ação de controle apropriada, iniciando um estado seguro sempre que for possível ou fornecendo um aviso do perigo caso não seja possível iniciar um estado seguro.

A cobertura total de diagnóstico do SRP/CS deve ser baixa. O MTTFd de cada canal depende do nível de desempenho necessário (PLr). O PL máximo alcançável com a categoria é o *d*. Em alguns casos, a categoria 2 não é aplicável porque a verificação da função de segurança não pode ser aplicada a todos os componentes.

Na categoria 2, a ocorrência de uma falha pode levar à perda da função de segurança entre verificações, uma vez que a perda da função de segurança é detectada pela verificação. A arquitetura para essa categoria é mostrada na Figura 59.

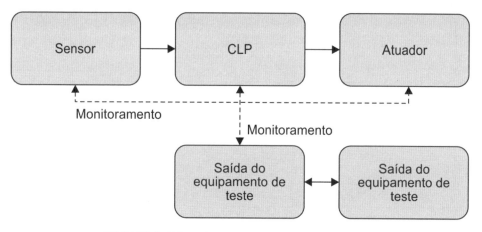

FIGURA 59 — Arquitetura para a categoria 2.
FONTE: O AUTOR

CATEGORIA 3

Para a categoria 3, também são aplicáveis os mesmos requisitos da categoria B, e os princípios de segurança *well-tried* devem ser seguidos. O SRP/CS deve ser projetado para que uma única falha em qualquer uma dessas partes não leve à perda da função de segurança. Sempre que for possível, a falha única deve ser detectada antes ou na próxima vez que a função de segurança for demandada.

A cobertura de diagnóstico deve ser baixa, e o MTTFd de cada um dos canais redundantes depende do PLr. O requisito da detecção de falha única não significa que todas as falhas serão detectadas, e, por esse motivo, o acúmulo de falhas não detectadas pode levar a uma situação perigosa na máquina.

A arquitetura para essa categoria é mostrada na Figura 60.

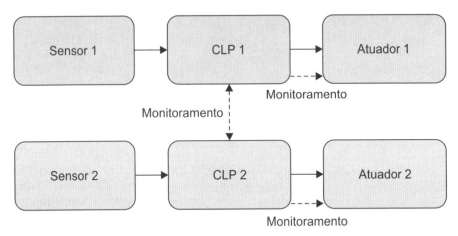

FIGURA 60 – Arquitetura para a categoria 3.
FONTE: O AUTOR

CATEGORIA 4

Nesse caso, também são aplicáveis os mesmos requisitos da categoria B, e os princípios de segurança *well-tried* devem ser seguidos. O SRP/CS da categoria 4 deve ser projetado de modo que uma única falha em qualquer uma das partes relacionadas à segurança não leve à perda da função de segurança, sendo que a falha única deve ser detectada durante ou antes da próxima demanda das funções de segurança. Se essa detecção não for possível, um acúmulo de falhas não detectadas não deve levar à perda da função de segurança.

A cobertura de diagnóstico total deve ser alta, incluindo o acúmulo de falhas. A diferença entre as categorias 3 e 4 é um DC mais alto na categoria 4 e um MTTFd alto obrigatório para cada canal. A arquitetura para a categoria 4 é a mesma da categoria 3, a qual foi mostrada na Figura 60.

10.7 DETERMINAÇÃO DA FUNÇÃO DA SEGURANÇA

De que forma a norma nos ajuda a decidir qual é a função de segurança? É importante perceber que a funcionalidade necessária só pode ser determinada considerando-se as características da aplicação real. Isso pode ser considerado como o estágio de projeto do conceito de segurança (*safety concept*). A norma não conhece todas as características de uma aplicação específica, assim como um fabricante de máquinas não conhece as condições exatas sob as quais ela será usada.

Dessa forma, a norma fornece uma listagem das funções de segurança comumente usadas e alguns requisitos normalmente associados, com o intuito de auxiliar os projetistas.

Conforme foi mencionado, o estágio de projeto do conceito de segurança (*safety concept*) depende do tipo de máquina e das características da aplicação e do ambiente em que é usada. O fabricante da máquina deve antecipar esses fatores para poder projetar o conceito de segurança, e as condições de uso previstas devem ser fornecidas no manual do usuário. O usuário precisa então verificar se tais condições correspondem à realidade.

O nível de desempenho requerido (PLr) é determinado durante a avaliação de riscos, parte integrante da apreciação de riscos, que é um processo que permite, de forma sistemática, analisar e avaliar os riscos associados a uma determinada máquina, além de prever os possíveis erros humanos.

A norma fornece um gráfico de risco para determinação do PLr no qual são inseridos os fatores de aplicação da gravidade da lesão, frequência de exposição e possibilidade de prevenção, conforme explicado a seguir.

METODOLOGIA PARA A AVALIAÇÃO DE RISCOS CONFORME A NORMA ISO 13849-1

A metodologia para a avaliação de riscos definida pela ISO 13849-1 e que tem como objetivo determinar o PL requerido (PLr) é representada pelo gráfico de risco mostrado na Figura 61.

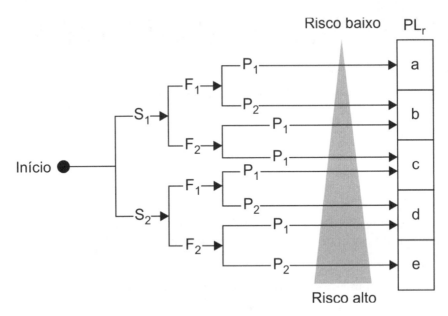

FIGURA 61 — Gráfico de risco.
FONTE: O AUTOR

Os parâmetros são descritos a seguir:

- Severidade do ferimento (S)
    - Ferimento leve (normalmente reversível).
    - Ferimento sério (normalmente irreversível), incluindo morte.
- Frequência ou tempo de perigo (F)
    - Raro a relativamente frequente e/ou baixo tempo de exposição.
    - Frequente a contínuo e/ou longo tempo de exposição.
- Possibilidade de evitar o perigo (P)
    - Possível, sob condições específicas.
    - Quase nunca é possível.

FUNÇÕES DE SEGURANÇA COMUNS

Na identificação e especificação das funções de segurança, devem ser considerados os seguintes aspectos:

- Os resultados da avaliação de riscos para cada perigo específico ou situação perigosa.
- As características de operação da máquina, incluindo o uso pretendido da máquina e o mau uso previsível.
- Os modos de operação.
- O tempo de ciclo e o tempo de resposta.
- A operação de emergência.
- A descrição da interação de diferentes processos de trabalho e atividades manuais, tais como reparo, configuração, limpeza, solução de problemas etc.
- O comportamento da máquina que uma função de segurança se destina a alcançar ou impedir.
- Os modos de operação nos quais a máquina deve estar ativada ou desativada.
- A frequência de operação.
- A prioridade das funções que podem ser simultaneamente ativadas e que podem causar ação conflitante.

A seguir são descritas algumas funções de segurança listadas na norma ISO 13849-1.

FUNÇÃO DE PARADA RELACIONADA À SEGURANÇA

Uma função de parada relacionada à segurança deve colocar a máquina em um estado seguro, sendo que essa parada deve ter prioridade sobre uma parada por razões operacionais. Quando um grupo de máquinas estiver trabalhando em conjunto de maneira coordenada, devem ser tomadas providências para sinalizar a supervisão e/ou as outras máquinas de que existe uma condição de parada.

FUNÇÃO DE *RESET* MANUAL

O *reset* manual é a função dentro do SRP/CS que tem como objetivo restaurar manualmente uma ou mais funções de segurança antes de reiniciar uma máquina.

Após um comando de parada ter sido iniciado, a condição de parada deve ser mantida até que existam condições seguras para o reinício da máquina. O restabelecimento da função de segurança cancela o comando de parada. Se indicado pela avaliação de risco, esse cancelamento do comando de parada deve ser confirmado por uma ação manual, separada e deliberada (*reset* manual), para o que devem ser observados os seguintes requisitos:

- O *reset* deve ser fornecido por meio de um dispositivo separado e operado manualmente no SRP/CS e ser alcançado somente se todas as funções e proteções de segurança estiverem operacionais.
- O *reset* não deve iniciar movimento ou uma situação perigosa por si só e deve habilitar o sistema de controle para aceitar um comando de partida separado.
- O comando deve somente ser aceito desengatando o atuador de sua posição energizada (ligada).
- O nível de desempenho das peças relacionadas à segurança que fornecem a função de *reset* manual deve ser selecionado para que a inclusão dessa função não diminua a segurança exigida pela função de segurança mais importante.
- O atuador de *reset* deve estar situado fora da zona de perigo e em uma posição a partir da qual exista boa visibilidade para verificar se nenhuma pessoa está dentro da zona de perigo.

FUNÇÃO DE INÍCIO/REINÍCIO (*START/RESTART*)

O início ou reinício automático de uma máquina somente deve ocorrer se nenhuma situação perigosa existir.

FUNÇÃO DE CONTROLE LOCAL

Quando uma máquina é controlada localmente, como por meio de um dispositivo de controle portátil, são aplicáveis os seguintes requisitos:

- Os meios para selecionar o controle local devem estar situados fora da zona de perigo.
- Somente deve ser possível iniciar condições perigosas por meio de um controle local em uma zona definida pela avaliação de riscos.
- A mudança entre o controle local e o principal não deve criar uma situação perigosa.

FUNÇÃO DE SILENCIAMENTO (*MUTING*)

O silenciamento (*muting*) é a suspensão temporária das funções de segurança do SRP/CS. Quando ativado, o *muting* não deve resultar na exposição de pessoas a situações perigosas, fazendo com que seja necessário que outros meios forneçam as condições de segurança. Ao final do *muting*, todas as funções de segurança do SRP/CS devem ser restabelecidas, e dependendo da aplicação, pode ser necessário um sinal de indicação de ativação do *muting*.

O nível de desempenho das partes relacionadas à segurança que fornecem a função *muting* devem ser selecionadas de forma que a inclusão dessa função não diminua a segurança exigida pela função de segurança mais importante.

TEMPO DE RESPOSTA

O tempo de resposta do SRP/CS deve ser determinado quando a avaliação de riscos indicar que isso é necessário. O tempo de resposta do sistema de controle faz parte do tempo total de resposta da máquina.

PARÂMETROS RELACIONADOS À SEGURANÇA

Quando parâmetros relacionados à segurança, como posição, velocidade, temperatura ou pressão, assumem valores fora dos limites preestabelecidos, o sistema de controle deve iniciar medidas apropriadas, como, por exemplo, atuação de parada e alarmes.

Sempre que a ocorrência de erros durante a entrada manual de dados relacionados à segurança em sistemas eletrônicos programáveis puder levar a uma situação perigosa, um sistema de verificação de dados dentro do sistema de controle relacionado à segurança deve ser fornecido, como, por exemplo, a verificação de limites, formato dos dados etc.

FLUTUAÇÕES, PERDA E REESTABELECIMENTO DE FONTES DE ENERGIA

Quando ocorrerem flutuações nos níveis de energia fora da faixa operacional de projeto, incluindo perda de fornecimento de energia, o SRP/CS deve continuar o fornecimento dos sinais de saída que permitem que outras partes do sistema da máquina mantenham um estado seguro.

10.8 SOFTWARE

As falhas de software são causadas pelo modo segundo o qual o software é especificado, desenvolvido, compilado e testado. Portanto, para controlar as falhas, devemos ter um processo para o desenvolvimento de software que deve ser rigidamente seguido, sob pena de afetar a confiabilidade da máquina e expor pessoas a condições perigosas. As normas IEC 61508 e ISO 13849-1 fornecem requisitos e metodologias para isso.

O software embarcado é responsabilidade dos projetistas de dispositivos tais como CLPs de segurança, e a abordagem indicada para esse caso é a de que o desenvolvimento deste seja feito de acordo com a norma IEC 61508.

No que diz respeito ao software de aplicação, a maioria dos dispositivos de segurança programáveis fornece blocos de funções certificados pelas agências competentes. Ainda assim, a aplicação precisa ser validada, ou seja, a maneira como os blocos são vinculados e parametrizados deve ser comprovada como sendo correta e válida para a tarefa pretendida.

Os requisitos listados a seguir têm como objetivo o fornecimento de diretrizes para o desenvolvimento de um software legível, testável e de fácil manutenção.

SOFTWARE EMBARCADO RELACIONADO À SEGURANÇA

O software embarcado relacionado à segurança (SRESW — do inglês *Safety-Related Embedded Software*) ou *firmware* faz parte do sistema fornecido pelo fabricante do controlador e não pode ser modificado pelo usuário da máquina.

O SRESW é escrito em FVL (linguagem de variabilidade total, do inglês *Full Variability Language*, tais como C, C++ e Assembly), e quando for destinado aos componentes com PLr *a* até *d*, devem ser aplicadas as seguintes medidas:

- O ciclo de vida de segurança de software com atividades de verificação e validação.
- Documentação relacionada com a especificação e o desenvolvimento.
- Codificação modular e estruturada.
- Controle de falhas sistemáticas.
- Teste funcional.
- Atividades apropriadas do ciclo de vida de segurança de software após modificações.

Para o SRESW para componentes com PLr *c* ou *d*, as seguintes medidas adicionais devem ser aplicadas:

- É necessário um sistema de gerenciamento de projetos e gerenciamento de qualidade comparável, tal como descrito nas normas IEC 61508 e ISO 9001.
- Documentação de todas as atividades relevantes durante o ciclo de vida de segurança do software.

- Gerenciamento de configuração para identificar todos os itens e documentos de configuração relacionados a uma versão SRESW).
- Especificação estruturada com requisitos de segurança.
- Uso de linguagens de programação adequadas e ferramentas computacionais confiáveis.
- Programação modular e estruturada com tamanhos limitados de módulos com interfaces totalmente definidas, uso de padrões de codificação.
- Verificação de código com análise de controle de fluxo.
- Teste funcional estendido, com teste de desempenho ou simulação.

O SRESW para componentes com PLr = e deve ser apto ao nível de integridade de segurança SIL 3 (conforme a norma IEC 61508).

SOFTWARE DE APLICATIVO RELACIONADO À SEGURANÇA

O software de aplicativo relacionado à segurança (do inglês *Safety-Related Application Software* — SRASW) é implementado pelo fabricante da máquina e geralmente contém sequências lógicas, limites e expressões que controlam as entradas, saídas, cálculos e decisões necessários para atender aos requisitos do SRP/CS. A relação é mostrada na Figura 62.

FIGURA 62 — Relação entre SRESW e SRASW.
FONTE: O AUTOR

O SRASW escrito em LVL (Linguagem de Variabilidade Limitada, do inglês *Limited Variability Language*), como, por exemplo, Ladder e FBD (Diagrama de Blocos de Funções, do inglês *Function Blocks Diagram*), é tratado na norma IEC 61131-3) e, em conformidade com os requisitos listados a seguir, pode atingir um PL *a* até *e*.

- Ciclo de vida de desenvolvimento com atividades de verificação e validação.
- Documentação relacionada com a especificação e o desenvolvimento.
- Programação modular e estruturada.
- Teste funcional.
- Atividades de desenvolvimento apropriadas após modificações.

Para SRASW para componentes com PLr de *c* até *e* são recomendadas as seguintes medidas adicionais:

- A especificação do software relacionado à segurança deve ser revisada, disponibilizada a todas as pessoas envolvidas no ciclo de vida e deve conter a descrição de funções de segurança com PL necessário e modos de operação associados, critérios de desempenho, arquitetura de hardware com interfaces de sinal externas e detecção e controle de falha externa.

- Seleção de ferramentas, bibliotecas e linguagens. Sempre que for possível, devem ser utilizadas bibliotecas com blocos de funções previamente validados e ser observadas as seguintes recomendações, de acordo com a norma ISO 13849-1:

  - O projeto de software deve contemplar métodos semiformais para descrever os dados e o controle de fluxo, como, por exemplo, diagramas de estado.

  - O tamanho dos blocos de função deve ser limitado, e cada função deve conter apenas um ponto de entrada e um ponto de saída.

  - Devem ser utilizadas técnicas para a detecção de falhas externas e para programação defensiva dentro dos blocos de entrada, processamento e saída que levam ao estado seguro.

- Nos casos em que código relacionado à segurança (SRASW) e não relacionado à segurança (não SRASW) são combinados em um único componente, devem ser observadas as seguintes recomendações, conforme a norma ISO 13849-1:

  - SRASW e não SRASW devem ser codificados em diferentes blocos funcionais com links de dados bem definidos.

  - Não deve haver combinação lógica de dados relacionados e não relacionados à segurança que possam levar a uma diminuição da integridade dos sinais relacionados à segurança, como, por exemplo, combinando informações de ambos os tipos por um "OU" lógico em que o resultado controla sinais relacionados à segurança.

PARAMETRIZAÇÃO BASEADA EM SOFTWARE

A parametrização baseada em software deve ser considerada como um aspecto relacionado à segurança do projeto de SRP/CS e, como tal, deve ser descrita na especificação de requisitos de segurança de software. A parametrização deve ser realizada por meio de uma ferramenta fornecida pelo fabricante do SRP/CS, a qual deve impedir modificações não autorizadas, por exemplo, por meio do uso de uma senha.

A integridade de todos os dados utilizados para parametrização deve ser preservada mediante a aplicação de medidas para controle da faixa de entradas válidas, verificação de integridade de dados e controle dos efeitos de falhas de hardware e software da ferramenta usada para parametrização.

11

IEC 62061

OBJETIVOS

Este capítulo estuda a norma IEC 62061, seus conceitos, suas cláusulas e seus objetivos, as etapas de avaliação de risco e a especificação de requisitos funcionais. O conhecimento é importante para reduzir o risco de ferimentos ou danos à saúde das pessoas envolvidas no uso de máquinas.

A norma IEC 62061:2005+A1:2012+A2:2015 — Segurança de máquinas — Segurança funcional de sistemas de controle relacionados à segurança de elétricos, eletrônicos e eletrônicos programáveis (do inglês *Safety of machinery — Functional safety of safety-related electrical, electronic and programmable electronic control systems*) especifica requisitos e fornece recomendações para o projeto, integração e validação de sistemas de controle elétricos, eletrônicos e eletrônicos programáveis (SRECS). Essa versão consolidada consiste na primeira edição de 2005, na alteração 1, de 2012, e na alteração 2, de 2015. Essa norma é compatível com a norma IEC 61508.

Nessa norma, presume-se que o projeto de subsistemas ou de elementos de subsistemas eletrônicos programáveis complexos esteja em conformidade com os requisitos relevantes da norma IEC 61508. A norma IEC 62061 fornece uma metodologia para o uso, e não para o desenvolvimento desses subsistemas e elementos do subsistema como parte de um SRECS.

De acordo com a norma, a função de controle relacionada à segurança (SRCF) é a função de controle implementada por um SRECS com um nível de integridade especificado, destinado a manter a condição segura da máquina ou impedir um aumento imediato dos riscos.

Os requisitos da IEC 62061 também podem ser aplicados a controles não elétricos que atendam à norma ISO 13849-1.

A norma IEC 62061 está relacionada somente aos requisitos funcionais de segurança, destinados a reduzir o risco de ferimentos ou danos à saúde daquelas pessoas que ficam próximas à máquina e das pessoas diretamente envolvidas no uso da máquina. Dessa forma, a norma restringe-se aos riscos decorrentes diretamente dos perigos da própria máquina ou de um conjunto de máquinas que desempenham funções de maneira coordenada.

Os requisitos para mitigar os riscos decorrentes de outros perigos são fornecidos em padrões setoriais relevantes. Por exemplo, quando uma determinada máquina faz parte de uma atividade de um processo, os requisitos funcionais de segurança do sistema de controle elétrico da máquina devem satisfazer outros requisitos, tais como os que constam na norma IEC 61511, no que diz respeito à segurança do processo.

A norma IEC 62061 não especifica requisitos para o desempenho de elementos de controle não elétricos, como hidráulicos e pneumáticos para máquinas, sendo recomendável a aplicação da norma ISO 13849-1 nesses casos. A norma IEC 62061 também não cobre riscos elétricos decorrentes do próprio equipamento de controle elétrico, como choque elétrico.

Porém, ainda que os requisitos da IEC 62061 sejam específicos para sistemas de controle elétrico, a estrutura e a metodologia especificadas podem ser aplicáveis às partes relacionadas à segurança dos sistemas de controle que empregam outros tipos de tecnologias.

Existem muitas situações em máquinas nas quais os SRECS são empregados como parte das medidas de segurança que foram fornecidas para obter redução de riscos. Um caso típico é o uso de uma proteção de intertravamento que, quando é aberta para permitir o acesso à zona de perigo, sinaliza ao sistema de controle elétrico para interromper a operação perigosa da máquina. Também na automação, o sistema de controle elétrico usado para garantir a operação correta do processo da máquina em geral contribui para a segurança por meio da mitigação dos riscos associados aos perigos decorrentes diretamente de falhas no sistema de controle.

Essa norma fornece uma metodologia e requisitos para atribuir o nível de integridade de segurança (SIL) exigido para cada função de controle relacionada à segurança a ser implementada pelo SRECS, para possibilitar um projeto do SRECS adequado às funções de controle relacionadas à segurança atribuídas, para integrar subsistemas relacionados à segurança que são projetados de acordo com a norma ISO 13849 e para validar o SRECS.

As boas práticas de projeto que se aplicam à norma ISO 13849-1 também são aplicáveis à IEC 62061. Uma vez que ambas as normas têm essencialmente o mesmo objetivo, muitas vezes os motivos que podem levar à escolha entre uma ou outra não são óbvios. Entre os fatores que podem ser considerados estão a experiência prévia com desenvolvimento de acordo com uma das normas e requisitos de clientes.

11.1 REFERÊNCIAS NORMATIVAS

A IEC 62061 contém referências às seguintes normas:

- IEC 60204–1, Segurança de máquinas — Equipamentos elétricos — Parte 1: requisitos gerais, (do inglês *Safety of machinery — Electrical equipment of machines — Part 1: General requirements*)
- IEC 61000-6-2, Compatibilidade eletromagnética (EMC) — Parte 6-2: Padrões genéricos — Imunidade para ambientes industriais, (do inglês *Electromagnetic compatibility (EMC) — Part 6-2: Generic standards — Immunity for industrial environments*)
- IEC 61310, Segurança de máquinas — Indicação, marcação e atuação (do inglês *Safety of machinery — Indication, marking and actuation*)
- IEC 61508-2, Segurança Funcional de Sistemas Elétricos/Eletrônicos/ Programáveis — Parte 2: Requisitos para sistemas relacionados à segurança de elétricos/eletrônicos/programáveis (do inglês *Functional safety of electrical/ electronic/ programmable electronic safety-related systems — Part 2: Requirements for electrical/electronic/programmable electronic safety related systems*)
- IEC 61508-3, Segurança Funcional de Sistemas Elétricos/Eletrônicos/ Programáveis — Parte 3: Requisitos de software (do inglês *Functional safety of electrical/electronic/programmable electronic safety-related systems — Part 3: Software requirements*)
- ISO 12100: 2010, Segurança de máquinas — Princípios gerais de projeto — Avaliação e redução de riscos (do inglês ISO 12100:2010, *Safety of machinery — General principles for design — Risk assessment and risk reduction*)

- ISO 13849-1:2006, Segurança de máquinas, partes relacionadas com a segurança de sistemas de controle — Parte 1: princípios gerais de projeto (do inglês *Safety of machinery — Safety related parts of control systems — Part 1: General principles for design*)
- ISO 13849-2:2012, Segurança de máquinas, partes relacionadas com a segurança de sistemas de controle — parte 2: validação (do inglês *Safety of machinery — Safety-related parts of control systems — Part 2: Validation*)

A Figura 63 resume o escopo das normas IEC 62061 e ISO 13849-1.

Tecnologia que implementa as funções de controle relacionadas à segurança	ISO 13849-1	IEC 62061
A — Não elétrico (ex.: hidráulico)	Sim	Não
B — Eletromecânico (ex.: relés)	Restrito às arquiteturas designadas (ver Nota 1) e até PL = e	Todas as arquiteturas e até SIL 3
C — Eletrônicos complexos (ex.: programáveis)	Restrito às arquiteturas designadas (ver Nota 1) e até PL = d	Todas as arquiteturas e até SIL 3
D — A combinado com B	Restrito às arquiteturas designadas (ver Nota 1) e até PL = e	Sim. Ver nota 3
E — C combinado com B	Restrito às arquiteturas designadas (ver Nota 1) e até PL = d	Todas as arquiteturas e até SIL 3
F — C combinado com A ou C combinado com A e B	Sim. Ver nota 2	Sim. Ver nota 3

NOTA 1: As arquiteturas designadas são definidas no Anexo B da ISO 13849-1 para fornecer uma abordagem simplificada para a quantificação do nível de desempenho.
NOTA 2: Para eletrônicos complexos: uso de arquiteturas designadas de acordo com a ISO 13849-1 até PL = d ou qualquer arquitetura de acordo com a IEC 62061.
NOTA 3: Para tecnologia não elétrica, use peças de acordo com a ISO 13849-1 como subsistemas.

FIGURA 63 — Aplicações das normas IEC 62061 e ISO 13849-1.

FONTE: ADAPTADO DA NORMA IEC 62061

11.2 CLÁUSULAS E OBJETIVOS

Os objetivos específicos de cada uma das cláusulas da norma IEC 62061 são apresentados a seguir:

- **Cláusula 4:** Gerenciamento da segurança funcional — Especificar as atividades técnicas e de gerenciamento necessárias para a consecução da segurança funcional exigida pelo SRECS.

- **Cláusula 5:** Requisitos para a especificação de funções de controle relacionadas à segurança — Definir os procedimentos para especificar os requisitos para as funções de controle relacionadas à segurança. Esses requisitos são expressos em termos de especificação de requisitos funcionais e especificação de requisitos de integridade de segurança.

- **Cláusula 6:** Projeto e integração do sistema de controle elétrico relacionado à segurança — Especificar os critérios de seleção e/ou os métodos de projeto e implementação do SRECS para atender aos requisitos funcionais de segurança. Isso inclui: seleção da arquitetura do sistema, seleção do hardware e software relacionado à segurança, design do hardware e software, verificação de que o hardware e o software projetados atendem aos requisitos funcionais de segurança.

- **Cláusula 7:** Informações para uso da máquina — Para especificar requisitos para as informações para uso do SRECS, que devem ser fornecidas com a máquina. Isso inclui: fornecimento do manual e procedimentos do usuário, fornecimento do manual e procedimentos de manutenção.

- **Cláusula 8:** Validação do sistema de controle elétrico relacionado à segurança — Especificar os requisitos para o processo de validação a ser aplicado ao SRECS. Isso inclui a inspeção e o teste do SRECS para garantir que ele atenda aos requisitos estabelecidos na especificação de requisitos de segurança.

- **Cláusula 9:** Modificação do sistema de controle elétrico baseado em segurança — Para especificar os requisitos para o procedimento de modificação que deve ser aplicado ao modificar o SRECS. Isso inclui: modificações em qualquer SRECS são planejadas e verificadas adequadamente antes de se fazer a alteração; a especificação de requisitos de segurança do SRECS é atendida após a realização de quaisquer modificações.

11.3 AVALIAÇÃO DE RISCOS CONFORME A NORMA IEC 62061

As avaliações na norma IEC 62061 são feitas para cada risco individual e incluem a gravidade potencial das lesões, a frequência e a duração da exposição, a possibilidade de evitar um risco e a probabilidade de ocorrência do risco. O resultado da avaliação é o nível de integridade de segurança (SIL) necessário para cada um dos riscos individuais.

Nas etapas subsequentes da avaliação de riscos, os níveis determinados usando-se o gráfico de risco são alinhados com as medidas de redução de risco selecionadas. Para cada risco classificado, uma ou mais medidas precisam ser aplicadas para eliminar ou para reduzir suficientemente o risco. O SIL deve corresponder pelo menos ao SIL que foi determinado com base no risco.

A avaliação de riscos resulta em uma estratégia de redução de riscos, que, por sua vez, identifica a necessidade de funções de controle relacionadas à segurança as quais devem ser documentadas e devem incluir a especificação de requisitos funcionais e de requisitos de integridade de segurança. Os requisitos funcionais incluem detalhes como frequência de operação, tempo de resposta necessário, modos de operação etc. Os requisitos de integridade de segurança, por sua vez, são expressos em níveis de integridade de segurança (SIL).

Na IEC 62061, o SIL máximo atingível é determinado pela dependência entre a tolerância a falhas de hardware (HFT) e a fração de falha segura (SFF). O SFF é calculado avaliando-se todos os tipos possíveis de falhas de componentes e estabelecendo se cada uma dessas falhas resulta em uma condição segura ou não. O resultado fornece o SFF do sistema.

Os elementos que são considerados para a determinação do SIL são descritos na norma IEC 61508.

A Figura 64 mostra a correspondência entre o nível de performance (PL) e o nível de integridade de segurança (SIL).

CONTROLE DE RISCOS OCUPACIONAIS NA INDÚSTRIA 4.0

Nível de Performance (PL) ISO 13849-1	Probabilidade de falha perigosa por hora	SIL (IEC 61508 e IEC 62061)
A	$\geq 10^{-5} ... < 10^{-4}$	-
B	$\geq 3 \times 10^{-6} ... < 10^{-5}$	1
C	$\geq 10^{-6} ... 3 \times 10^{-6}$	1
D	$\geq 10^{-7} ... 10^{-6}$	2
E	$\geq 10^{-8} .... < 10^{-7}$	3

FIGURA 64 — Relação entre PL e SIL.
FONTE: O AUTOR

A análise de riscos de acordo com a norma IEC 62061 leva em consideração os seguintes itens:

- Gravidade da lesão (Se).
- Frequência e duração da posição do perigo (Fr).
- Probabilidade da ocorrência de um evento gerador de perigo (Pr).
- Possibilidade de evitar ou limitar o dano (Av).

Para cada um desses itens, são atribuídos pontos, conforme consta nas Figuras 65 a 69.

Efeito	Gravidade
Irreversível: morte, perda da visão ou braço.	4
Irreversível: membros quebrados, perda de um/vários dedo(s).	3
Reversível: necessidade de tratamento por um médico.	2
Reversível: São requeridos primeiros socorros.	1

FIGURA 65 — Classificação da gravidade (Se).
FONTE: O AUTOR

Frequência da exposição	Duração (F) > 10 minutos
<= 1 hora	5
> 1 hora <= 1 dia	5
> 1 dia até <= 2 semanas	4
> 2 semanas até <= 1 ano	3
> 1 ano	2
Obs.: Caso a duração seja inferior a 10 minutos, o valor pode ser rebaixado para o próximo nível.	

FIGURA 66 — Classificação da frequência e duração da exposição (Fr).
FONTE: O AUTOR

Probabilidade da ocorrência	Probabilidade (Pr)
Muito alta	5
Provável	4
Possível	3
Rara	2
Desprezível	1

FIGURA 67 — Classificação da probabilidade (Pr).
FONTE: O AUTOR

Possibilidade de evitar ou limitar	Evitar e limitar (Av)
Impossível	5
Rara	3
Provável	1

FIGURA 68 — Classificação da possibilidade de evitar ou eliminar um dano (Av).
FONTE: O AUTOR

A classe de possibilidade de dano Cl é calculada a partir da fórmula:

$$Cl = Fr + Pr + Av$$

Para cada perigo, e conforme aplicável para cada nível de gravidade, some os pontos das colunas Fr, Pr e Av e insira a soma na coluna Cl no quadro da Figura 69: Classe da possibilidade de dano.

Número	Risco (descrição)	Se	Fr	Pr	Av	Cl
1						
2						
3						

FIGURA 69 — Classe da possibilidade de dano.
FONTE: O AUTOR

Usando a Figura 70, onde a linha de gravidade (S) cruza a coluna relevante (Cl), o ponto de interseção indica se a ação é necessária. A área cinza indica o SIL atribuído como destino para o SRCF. As áreas sombreadas mais claras devem ser usadas como uma recomendação de que outras medidas (OM) sejam usadas.

Gravidade (S)	Classe (Cl) 3-4	Classe (Cl) 5-7	Classe (Cl) 8-10	Classe (Cl) 11-13	Classe (Cl) 14-15
4	SIL 2	SIL 2	SIL 2	SIL 3	SIL 3
3	-	OM	SIL 1	SIL 2	SIL 3
2	-	-	OM	SIL 1	SIL 2
1	-	-	-	OM	SIL 1

FIGURA 70 — Classificação SIL.
FONTE: O AUTOR

A partir da estratégia de redução de riscos, qualquer necessidade de funções de segurança será determinada. Quando as funções de segurança são selecionadas para ser implementadas pelo SRECS, os SRCFs associados devem ser especificados.

IEC 62061

11.4 ESPECIFICAÇÕES DE REQUISITOS FUNCIONAIS E A ESPECIFICAÇÃO DE REQUISITOS DE INTEGRIDADE DE SEGURANÇA

As informações a seguir devem ser usadas para produzir a especificação de requisitos funcionais e a especificação de requisitos de integridade de segurança de cada SRCF:

- Resultados da avaliação de riscos para a máquina, incluindo todas as funções de segurança consideradas necessárias para o processo de redução de riscos para cada perigo específico.

- Características de operação da máquina, incluindo modos de operação, tempo de ciclo, tempo de resposta, condições ambientais, interação das pessoas com a máquina, como, por exemplo, reparo, configuração e limpeza.

- Todas as informações relevantes para os SRCFs que possam influenciar o projeto do SRECS, incluindo, por exemplo:

  ▶ Uma descrição do comportamento da máquina que um SRCF se destina a alcançar ou impedir.

  ▶ Todas as interfaces entre os SRCFs e entre SRCFs e qualquer outra função (dentro ou fora da máquina).

  ▶ Funções necessárias de reação a falhas do SRCF.

ESPECIFICAÇÃO DE REQUISITOS FUNCIONAIS PARA SRCFS

A especificação de requisitos funcionais para SRCFs deve descrever detalhes de cada SRCF a ser executado, incluindo, conforme aplicável:

- As condições, como, por exemplo, modo de operação da máquina na qual o SRCF deve estar ativo ou desativado.
- A prioridade daquelas funções que podem ser ativas simultaneamente e que podem causar ações conflitantes.
- A frequência de operação de cada SRCF.
- O tempo de resposta necessário para cada SRCF.
- As interfaces dos SRCFs para outras funções da máquina.
- Os tempos de resposta necessários (por exemplo, dispositivos de entrada e saída).
- Uma descrição de cada SRCF.
- Uma descrição das funções de reação à falha e quaisquer restrições, como, por exemplo, ao reinício ou operação contínua da máquina, nos casos em que a reação inicial à falha for parar a máquina.
- Uma descrição do ambiente operacional, como, por exemplo, temperatura, umidade, poeira, substâncias químicas, vibração mecânica e choque.
- Testes e quaisquer instalações associadas.
- Taxa de ciclos de operação, ciclo de serviço e/ou categoria de utilização para dispositivos eletromecânicos destinados ao SRCF.

Os requisitos de integridade de segurança para cada SRCF devem ser derivados da avaliação de risco para garantir que a redução de risco necessária possa ser alcançada.

12

INFORMAÇÕES SOBRE A NORMA ABNT NBR ISO 10218

OBJETIVOS

Este capítulo descreve a norma ABNT NBR ISO 10218. A parte 1 da norma oferece orientações para garantir a segurança no projeto e a construção do robô, e a parte 2 oferece diretrizes para a segurança das pessoas durante a integração, instalação, ensaios funcionais, programação, operação, manutenção e reparo do robô.

A norma ABNT NBR ISO 10218 — Robôs e dispositivos robóticos é uma norma tipo C, conforme descrito na ABNT NBR ISO 12100. A parte 1 da norma foi escrita em reconhecimento aos perigos específicos que são apresentados por robôs industriais e sistemas robotizados industriais.

É importante lembrar que os requisitos de uma norma tipo C têm prioridade sobre os requisitos das outras normas — Tipo A e B — para máquinas que foram projetadas e construídas de acordo com os requisitos da norma tipo C.

Em reconhecimento à natureza variável dos perigos com diferentes usos de robôs industriais, a ABNT NBR ISO 10218 é dividida em duas partes. A ABNT NBR ISO 10218-1 provê orientações para garantir a segurança no projeto e na construção do robô.

Uma vez que a segurança na aplicação de robôs industriais é influenciada pelo projeto e aplicação da integração do sistema robotizado específico, a ABNT NBR ISO 10218-2 provê diretrizes para a segurança das pessoas durante a integração, instalação, ensaios funcionais, programação, operação, manutenção e reparo do robô. Os requisitos para sistemas robotizados, integração e instalação de robôs são abrangidos na ABNT NBR ISO 10218-2.

Desta forma, como não é foco deste livro o projeto e desenvolvimento dos robôs, manteremos o foco na parte 2 dessa norma.

É importante que os profissionais conheçam o conteúdo da parte 1 dessa norma, pois eles precisarão especificar as necessidades que o robô que será utilizado no projeto deverá atender. Uma sugestão para complementar o tema é verificar as questões de projeto tratadas a seguir.

Com a Indústria 4.0, temos o desenvolvimento de layouts flexíveis e dinâmicos para atendimento a uma produção com uma diversidade grande de produ-

INFORMAÇÕES SOBRE A NORMA ABNT NBR ISO 10218

tos, e desta forma, a otimização do layout é um ponto importante a se atentar, pois tem uma relação importante entre alta produtividade e segurança do trabalhador e patrimônio.

Assim sendo, é necessário saber e ter garantias de que o robô a ser implementado na aplicação respeite o envelope por padrão, comprovadamente, ou se é necessário adquirir pacotes complementares de softwares para que ele atenda. Em ambos os casos, é necessário ter esse ponto claro.

ESPAÇO DE TRABALHO

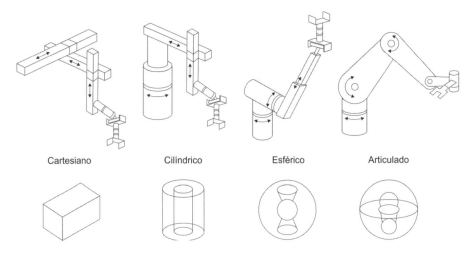

FIGURA 71 — Espaço de trabalho — Volume do espaço alcançado pelo manipulador.
FONTE: O AUTOR

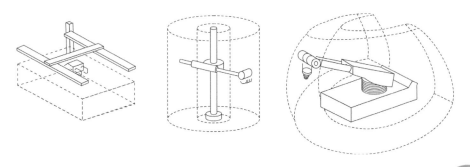

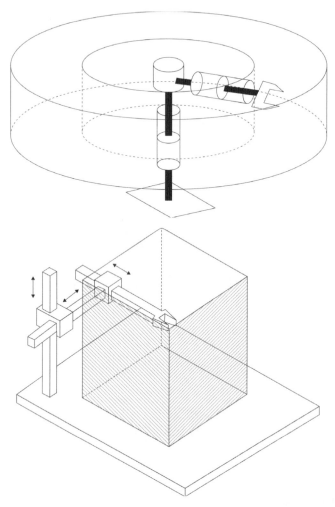

FIGURA 72 — Espaço de trabalho.
FONTE: O AUTOR

12.1 A NORMA ABNT NBR ISO 10218-2

A ABNT NBR ISO 10218-2 especifica os requisitos de segurança para a integração de robôs industriais e sistemas robotizados industriais.

INFORMAÇÕES SOBRE A NORMA ABNT NBR ISO 10218

A integração inclui:

Projeto, fabricação, instalação, operação, manutenção e desativação do sistema ou célula robotizada industrial e dispositivos que compõem o sistema ou célula robotizada industrial.

Essa norma descreve os perigos básicos e as situações perigosas identificadas com esses sistemas e provê requisitos para eliminar ou reduzir adequadamente os riscos associados a esses perigos.

Embora o ruído tenha sido identificado como um perigo significativo em sistemas robotizados industriais, ele não é considerado nesta parte da ABNT NBR ISO 10218. A norma também especifica requisitos para o sistema robotizado industrial como parte de um sistema de manufatura integrada. A norma não trata especificamente dos perigos associados a processos (como radiação a laser, projeção de partículas, fumaça de solda).

Outras normas podem ser aplicáveis a esses processos perigosos, como já foi visto no item que trata da relação entre normas.

Os itens dessa norma aqui destacados são breves explanações e não dispensam a leitura e estudo da norma integralmente. Cada situação que se torna foco de uma apreciação de risco requer o estudo de normas e outros documentos para que o projeto não venha a sofrer críticas em demasia, além de ter a inclusão de custos não previstos.

12.2 IDENTIFICAÇÃO DE PERIGOS E APRECIAÇÃO DE RISCOS

As características operacionais de robôs podem ser significativamente diferentes daquelas de outras máquinas e equipamentos, conforme descrito a seguir:

1. Os robôs são capazes de movimentos com alta energia em um grande espaço operacional.

2. O início do movimento e a trajetória do braço do robô são difíceis de prever e podem variar, por exemplo, devido à mudança dos requisitos de operação.
3. O espaço de operação do robô pode se sobrepor a uma parte do espaço de operação de outros robôs ou das zonas de trabalho de outras máquinas e equipamentos relacionados.
4. Os operadores podem ser requisitados a trabalhar próximos do sistema robotizado enquanto houver energia disponível nos atuadores da máquina.

É necessário identificar os perigos e avaliar os riscos associados ao robô e sua aplicação antes de selecionar e projetar as medidas de segurança para reduzir os riscos adequadamente.

12.3 MEDIDAS TÉCNICAS PARA A REDUÇÃO DO RISCO

1. Minimizar ou extinguir os perigos por meio do projeto ou da mudança deste.
2. Impedir que os operadores entrem em contato com os perigos.
3. Buscar um estado seguro por meio do controle dos perigos antes que o operador possa entrar em contato com estes.
4. Reduzir o risco durante intervenções (por exemplo, programação *teaching*).

O tipo de robô, sua aplicação e sua interação com outras máquinas e equipamentos relacionados influenciarão o projeto e a seleção das medidas de proteção. Estas devem ser adequadas para o trabalho que está sendo feito e permitir, quando necessário, que atividades de programação *teaching*, ajustes, manutenção, verificação do programa e solução de problemas de operação sejam realizadas com segurança.

12.4 PROJETO DO LAYOUT

O projeto do sistema robotizado e o layout da célula é um processo fundamental para a eliminação dos perigos e redução dos riscos.

INFORMAÇÕES SOBRE A NORMA ABNT NBR ISO 10218

Deve ser feito o estabelecimento dos limites físicos (tridimensionais) da célula ou linha, incluindo outras partes de uma célula ou sistema maior (sistema de manufatura integrada).

No que diz respeito aos espaços de trabalho, acesso e desobstrução, é necessário realizar as seguintes atividades:

- Identificar o espaço máximo do sistema robotizado, estabelecendo os espaços restritos e de operação e identificar a necessidade de desobstrução em torno de obstáculos, tais como pilares do prédio.
- As vias de circulação (corredores para pedestres, rotas para visitantes, movimentação de materiais fora da proteção de perímetro da célula ou linha).
- Acesso e caminho seguro para as utilidades (eletricidade, gás, água, vácuo, hidráulica, ventilação) e sistemas de controle.
- Acesso e caminho seguro para fins de limpeza, diagnóstico de falhas e manutenção.

Outros pontos relevantes:

- Visibilidade das operações.
- Clareza dos controles.
- Posição da peça em relação ao operador.
- Operação colaborativa.
- Ventilação.
- Faísca de solda.
- Carregamento e descarregamento das peças/troca de ferramenta.
- Análise da proteção de perímetro.
- Requisitos e localização dos dispositivos de parada de emergência e possível zoneamento da célula (por exemplo, paradas setorizadas ou parada total da célula).
- Requisitos e localização dos dispositivos de habilitação.
- Atenção ao uso designado de todos os componentes.

12.5 APRECIAÇÃO DE RISCOS

Devido ao sistema robotizado estar sempre integrado em uma aplicação específica, o integrador deve realizar uma apreciação de riscos para determinar as medidas de redução do risco requeridas para reduzir adequadamente os riscos apresentados pela aplicação integrada. Convém que atenção específica seja dada aos casos em que as proteções são removidas das máquinas individuais, a fim de alcançar a aplicação integrada.

A apreciação de riscos permite a análise e a avaliação sistemática dos riscos associados com o sistema robotizado ao longo de todo seu ciclo de vida (ou seja, ativação, instalação, produção, manutenção, reparo, desativação).

A apreciação de riscos é seguida, quando necessário, pela redução do risco. Quando esse processo é repetido, ele possibilita o processo iterativo para eliminação e redução de riscos na medida do possível por meio da implementação de medidas de proteção.

A apreciação de riscos inclui:

- Determinação dos limites do sistema robotizado.
- Identificação de perigos.
- Estimativa de risco.
- Avaliação de risco.

12.6 OPERAÇÃO DO ROBÔ COLABORATIVO

A colaboração é um tipo especial de operação entre uma pessoa e um robô que compartilham um espaço de trabalho comum.

Definição de aplicação:

- Utilizada para tarefas predeterminadas.
- Possível quando todas as medidas de proteção requeridas estiverem ativas.
- Para robôs com características projetadas especificamente para operação colaborativa, de acordo com a ABNT NBR ISO 10218-1.

INFORMAÇÕES SOBRE A NORMA ABNT NBR ISO 10218

Devem existir informações de uso, proteções e a seleção de modo requeridas para a operação de colaboração.

REDUÇÃO DO ESPAÇO FÍSICO ENTRE O ROBÔ E O OPERADOR

O contato físico entre o operador e o robô pode ocorrer dentro da área de trabalho. Medidas de proteção devem ser tomadas para garantir a segurança do operador em todos os momentos.

REQUISITOS PARA ESPAÇOS DE TRABALHO COLABORATIVOS

O espaço de trabalho colaborativo onde o(s) operador(es) possa(m) interagir diretamente com o robô deve ser claramente definido (como, por exemplo, marcação, sinalização no piso etc.).

O projeto do espaço de trabalho colaborativo deve ser tal que o operador possa facilmente executar todas as tarefas, e a localização dos equipamentos e máquinas não pode apresentar perigos adicionais. Convém que os limites de segurança por software sejam, sempre que possível, utilizados para reduzir a faixa de possíveis movimentos livres.

Convém, ainda, que o sistema robotizado seja instalado para fornecer uma desobstrução mínima de 500mm (20in) do espaço de operação do robô (incluindo o braço, qualquer dispositivo fixo e a peça) até as áreas da edificação, estruturas, utilidades, outras máquinas e equipamentos que permitam o acesso de todo o corpo e que podem criar um ponto de aprisionamento ou compressão.

ALTERAÇÃO ENTRE OPERAÇÃO AUTÔNOMA E OPERAÇÃO COLABORATIVA

O ponto de alteração entre a operação autônoma e a operação colaborativa é uma parte particularmente crítica de uma aplicação colaborativa. Ele deve ser projetado de forma que o robô não possa colocar em perigo as pessoas, quando houver a troca da operação autônoma para operação colaborativa e retornando para a operação autônoma.

OPERAÇÃO NO ESPAÇO DE TRABALHO COLABORATIVO

Qualquer falha detectada das características de segurança selecionadas da operação colaborativa deve resultar em uma parada de proteção. A operação autônoma não pode ser retomada após essa parada até que haja uma reinicialização por uma ação de nova partida deliberada fora do espaço de trabalho colaborativo.

A apreciação de riscos precisa ser realizada para determinar quais são as medidas de proteção apropriadas para um de terminado sistema robotizado.

MÉTODOS DE VERIFICAÇÃO E VALIDAÇÃO

A verificação e a validação podem ser atendidas por métodos, incluindo, porém, não limitados a:

- Inspeção visual.
- Ensaios práticos.
- Medição.
- Observação durante a operação.
- Revisão de desenhos esquemáticos, diagramas de circuitos e material de projeto específicos da aplicação.
- Revisão do software e/ou documentação do software da aplicação de segurança.
- Revisão da apreciação de riscos com base na tarefa.
- Revisão dos desenhos de leiaute e documentos.
- Revisão das especificações e informações de uso.

13

ISO/TS 15066:2016

OBJETIVOS

Este capítulo trata da ISO/TS 15066:2016, que esclarece os requisitos de segurança para sistemas de robôs industriais colaborativos e o ambiente de trabalho.

A especificação técnica ISO/TS 15066:2016 esclarece os requisitos de segurança para sistemas de robôs industriais colaborativos e o ambiente de trabalho e complementa os requisitos e orientações sobre a operação colaborativa de robôs industriais, fornecidos na ISO 10218-1 e ISO 10218-2.

A ISO/TS 15066:2016 não se aplica a robôs não industriais, embora os princípios de segurança apresentados possam ser úteis para outras áreas da robótica.

As normas que são referenciadas pela ISO/TS 15066 são:

- ISO 10218-1:2011 — *Robots and robotic devices — Safety requirements for industrial robots — Part 1: Robots*
- ISO 10218-2:2011 — *Robots and robotic devices — Safety requirements for industrial robots — Part 2: Robot systems and integration*
- ISO 12100 — *Safety of machinery — General principles for design — Risk assessment and risk reduction;*
- ISO 13850 — *Safety of machinery — Emergency stop function — Principles for design*
- ISO 13855 — *Safety of machinery — Positioning of safeguards with respect to the approach speeds of parts of the human body*
- IEC 60204-1 — *Safety of machinery — Electrical equipment of machines — Part 1: General requirements*

 A maioria das normas mencionadas já tem uma versão em português. O site da ABNT (https://www.abntcatalogo.com.br/) deve ser consultado para saber se as normas mencionadas já têm sua versão em português ou se estão em processo de tradução.

13.1 PROJETO DE APLICAÇÃO COLABORATIVA

Um processo-chave no projeto do sistema de robô colaborativo e no *layout* de célula associado é a eliminação de perigos e redução de riscos, e pode incluir ou influenciar o projeto do ambiente de trabalho.

Os seguintes fatores devem ser levados em consideração:

- Estabelecer os limites de área de trabalho colaborativa.
- Área de trabalho colaborativa, acesso e distância de isolamento.
- Ergonomia e interface humana com o equipamento.
- Limites de uso.
- Transições (limites de tempo).

13.2 IDENTIFICAÇÃO DE PERIGOS E APRECIAÇÃO DE RISCO

Nesta etapa, é muito importante que o integrador faça a apreciação de riscos levando em consideração todas as normas que se relacionem a cada situação envolvida, inclusive pode partir do item que trata de operação colaborativa na ISO 10218-2:2011.

CONTROLE DE RISCOS OCUPACIONAIS NA INDÚSTRIA 4.0

- A lista de perigos significativos, para robôs e sistemas de robô, contidos no ISO 10218-2:2011 deve ser consultada.
- O Anexo A é o resultado da identificação de perigo realizado conforme descrito na ISO 12100.
- Perigos adicionais, tais como vapores, gases, produtos químicos e materiais quentes, podem ser criados para especificar aplicações colaborativas (como soldagem, montagem, esmerilhar e polir).
- Esses perigos serão endereçados em uma base individual por meio da análise de risco para uma aplicação colaborativa específica.

ASPECTOS A SEREM CONSIDERADOS NA INCLUSÃO DE PERIGOS RELACIONADOS AO ROBÔ

- Características do robô (carga, velocidade, força, momento, torque, potência, geometria, formato da superfície e material).
- Robô na condição *Quasi-static*.
- Localização do operador com respeito à proximidade do robô (trabalhando abaixo do robô).

PERIGOS RELACIONADOS AO SISTEMA ROBÓTICO

- Operador terminal e peça de trabalho perigosas, incluindo a falta de design ergonômico, arestas vivas, perda da peça de trabalho, saliências, trabalho com trocador de ferramentas.
- Localização e movimentação do operador com respeito ao posicionamento das peças, orientação e estrutura (suporte de montagem, paredes, dispositivos).
- Projeto de dispositivos, colocação e operação do grampo, outros perigos relacionados.
- Uma determinação sobre contato seria *Transient* ou *Quasi-Static* e a parte do corpo do operador que pode ser afetada.

- Projeto e localização de qualquer controle manual ou dispositivo guia do robô (acessibilidade, ergonomia, potencial de mau uso, possível confusão do controle e indicadores de situação imediata, "status").
- Projeto ergonômico deficiente (resultando em perda de atenção, operação imprópria.)

APLICAÇÕES RELACIONADAS A PERIGOS

- Perigo de processos específicos (temperatura, partes ejetadas, respingo de solda).
- Limitações causadas por uso requerido de equipamento de proteção individual (EPI).
- Deficiência em projeto ergonômico (resultando em perda de atenção, operação imprópria.

CARACTERIZAÇÃO DAS TAREFAS COLABORATIVAS

- Frequência e duração da presença do operador na área de trabalho colaborativa com a movimentação do sistema robótico (montagem colaborativa com dispositivos externos).
- Frequência e duração do contato entre um operador e o sistema robótico em operação e a aplicação em funcionamento energizado.
- Transição entre modo não colaborativo e modo colaborativo.
- Reinicialização manual ou automática do sistema robótico de movimentação após a operação colaborativa ter sido concluída.
- Tarefas envolvendo mais de um operador.
- Qualquer tarefa adicional dentro da área de trabalho colaborativa.

REDUÇÃO DE RISCOS E ELIMINAÇÃO DE PERIGOS

Após a identificação de perigos, a apreciação de riscos com o sistema de robô colaborativo deve ser observada antes de as medidas de redução de riscos serem aplicadas. Essas medidas estão baseadas nessa lista de princípios fundamentais por ordem de prioridade.

Deve haver eliminação de perigos por projeto intrinsecamente seguro ou sua redução por substituição. Medidas de proteção devem ser usadas para impedir que o pessoal acesse um perigo ou controle os perigos, trazendo-os para um estado seguro (paragem, forças limitantes, velocidade limite) antes de um operador poder acessar ou ser exposto a um perigo. É necessário prover medidas de proteção suplementares, tais como informações de uso, treinamento, sinalização e uso de EPIs.

Para sistemas robóticos tradicionais, a redução de riscos é tipicamente alcançada por meio de garantias que separam o operador do sistema robótico. Para operações colaborativas, a redução de riscos é endereçada primariamente para o projeto e aplicação do sistema robótico e na área de trabalho colaborativa.

13.3 REQUERIMENTOS PARA APLICAÇÕES DE SISTEMAS ROBÓTICOS COLABORATIVOS

As aplicações colaborativas para sistemas robóticos devem encontrar requerimentos na ISO 10218, nos itens 1 e 2.

13.3.1 O PROJETO DA ÁREA DE TRABALHO COLABORATIVA

O projeto de uma área colaborativa deve ser tal que o operador possa executar todas suas tarefas. Qualquer risco vindo de máquinas ou equipamentos deve ser mitigado por medidas identificadas na apreciação de riscos. O local do equipamento e das máquinas não deve inserir perigos adicionais.

A segurança relacionada a *soft axis* e espaços limitados, como descritos na norma ISO 10218-1, 5.12.3, deve ser usada sempre que possível para reduzir o tamanho do espaço restrito.

Os riscos associados à captura ou ao esmagamento do corpo inteiro entre o sistema do robô e, por exemplo, partes de edifícios, estruturas, utilitários, outras máquinas e equipamentos devem ser eliminados ou controlados com segurança.

O espaçamento em acordo com a ISO 10218-2:2011, 5.11.3, deve ser provido. Esse espaçamento pode ser diferente para sistemas projetados em conformidade com os itens 5.5.4 e 5.5.5 da norma.

PROJETO DE UMA OPERAÇÃO COM ROBÔ COLABORATIVO

Os requerimentos de projeto de uma operação envolvendo o robô colaborativo são fornecidos na ISO 10218-2, item 5.11. O método de operação em 5.5 deve ser usado singularmente em combinação com o projeto da operação com o robô colaborativo.

Qualquer falha detectada em partes de segurança e controle de sistemas devem resultar em uma parada protetiva (ISO 10218-2:2011, 5.3.8.3). A operação não deve continuar até a reinicialização por uma ação de reinício deliberada com o operador fora do espaço de trabalho colaborativo.

MEDIDAS PROTETIVAS

Informações de configurações ativa e configurações de parâmetros de segurança devem ser capazes de ser vistas e documentadas com um identificador único (soma de verificação — *checksum*), e as mudanças de configurações devem poder ser facilmente identificadas (veja ISO 10218-1:2011, 5.12.3). Configurações e ajustes de parâmetros de seguranças colaborativa devem ser protegidos contra mudanças não autorizadas ou não intencionais por senha ou outra medida de segurança.

FUNÇÕES DE PARADA

Durante a operação colaborativa, o operador deve ter os meios para impedir o movimento do robô a qualquer momento por uma única ação ou ter um meio desobstruído de sair do espaço de trabalho colaborativo. São exemplos de meios para parar o movimento do robô:

a. Um dispositivo de habilitação.

b. Dispositivo de parada de emergência.

c. Parada do robô com a mão, no caso de o robô ter essa facilidade.

O número e a localização do dispositivo de parada de emergência devem ser determinados pela análise de risco e encontrar requerimentos da ISO 13850.

TRANSIÇÃO ENTRE OPERAÇÕES COLABORATIVAS E NÃO COLABORATIVAS

As transições entre métodos de operações colaborativas e não colaborativas são partes particularmente críticas da aplicação colaborativa. Estas devem ser concebidas de tal forma que o sistema do robô não represente riscos inaceitáveis para o operador durante a transição. Um indicador para transições entre operações colaborativas e não colaborativas pode ser usado.

FUNÇÃO DE PARADA

A ISO 10218-1, itens 5.8, 5.8.3 e 5.8.4, inclui provisão de pendência de controle ou habilitação de dispositivo de função de parada. Se uma avaliação de risco determinar que a redução de risco tradicionalmente alcançada pela utilização de um dispositivo habilitador seria, alternativamente, alcançada por medidas de projeto inerentemente seguras ou funções de limitação de classificação de segurança, então o controle pendente para um sistema robótico colaborativo pode ser fornecido sem um dispositivo habilitador.

Se um sistema de robô colaborativo com base em funções de limitação de classificação de segurança for usado sem um dispositivo de habilitação, essas funções devem permanecer sempre ativas.

Os limites (como velocidade, força ou alcance) devem ser configurados para um nível que ofereça uma redução de risco suficiente para programação, configuração, solução de problemas, manutenção e outras tarefas tradicionalmente realizadas com o uso de um dispositivo habilitador.

ISO/TS 15066:2016

Sempre que as funções de limitação de classificação de segurança não estiverem ativas na configuração específica da tarefa, o sistema de robô colaborativo deve incluir um método de proteção alternativo, como um dispositivo de habilitação que atenda aos requisitos da ISO 10218-1, 5.8.3.

Quando um dispositivo habilitador não está incluído no sistema do robô, as informações para uso devem incluir o seguinte:

a. Uma notificação de que o dispositivo de habilitação não está incluído no robô. Se um dispositivo de habilitação for uma opção, o fabricante deve fornecer instruções sobre como instalar o dispositivo de habilitação.

b. Um aviso que declara um robô sem um dispositivo habilitador só deve ser usado em aplicações com medidas de projeto inerentemente seguras ou funções de limitação de segurança ativas.

13.3.2 OPERAÇÕES COLABORATIVAS E SUAS CLASSIFICAÇÕES DE SEGURANÇA

As operações colaborativas podem incluir um ou mais dos seguintes métodos:

a. Parada monitorada com classificação de segurança.
b. Guia manual.
c. Monitoramento de velocidade e separação.
d. Limitação de potência e força.

13.3.2.1 PARADA MONITORADA COM CLASSIFICAÇÃO DE SEGURANÇA

Nesse método, o recurso de robô de parada monitorada com classificação de segurança é usado para cessar o movimento do robô no espaço de trabalho colaborativo antes que um operador entre no espaço de trabalho colaborativo para interagir com o sistema do robô e completar uma tarefa (por exemplo, carregamento na operação final (mão do robô).

Se não houver operador no espaço de trabalho colaborativo, o robô pode operar de forma não colaborativa. Quando o sistema do robô está no espaço de trabalho colaborativo, a função monitorada de segurança está ativa e o movimento do robô é interrompido, o operador pode entrar no espaço de trabalho colaborativo.

O movimento do sistema do robô pode continuar sem qualquer intervenção adicional somente após o operador sair do espaço de trabalho colaborativo.

REQUISITOS DO ROBÔ

Para operação colaborativa com parada monitorada de segurança, os seguintes requisitos de sistema de robô são aplicáveis:

a. Quando o movimento do robô é limitado, os limites devem obedecer ao ISO 10218-1: 2011, 5.12.

b. O robô deve estar equipado com a função para atingir uma parada de proteção de acordo com ISO 10218-1: 2011, 5.5.3.

REQUISITOS DO SISTEMA DE ROBÔS

O sistema do robô pode entrar no espaço de trabalho colaborativo somente quando um operador não está presente nesse espaço. Se um operador não estiver presente no espaço de trabalho colaborativo, o sistema de robôs pode operar de forma não colaborativa nesse espaço.

O espaço de trabalho colaborativo deve ser estabelecido com distâncias que atendam aos requisitos da norma ISO 13855. O sistema do robô deve estar equipado com dispositivos de segurança que detectem a presença de um operador dentro do espaço de trabalho colaborativo. O acesso ao espaço restrito fora do espaço de trabalho colaborativo deve ser evitado de acordo com uma avaliação de risco.

Quando uma parada de classificação de segurança está ativa, a entrada de um operador na área de trabalho colaborativa só é permitida diante das seguintes condições:

a. Quando o sistema do robô ou outros perigos não estão presentes no espaço de trabalho colaborativo;

b. Quando o sistema do robô estiver no espaço de trabalho colaborativo e estiver em uma parada monitorada com classificação de segurança (parada categoria 2) de acordo com ISO 10218-1: 2011, 5.4 a parada monitorada de segurança deve permanecer ativa em todos os momentos quando um operador está no espaço de trabalho colaborativo;

c. Quando o sistema do robô está no espaço de trabalho colaborativo em uma parada de proteção de acordo com ISO 10218-1: 2011, 5.4 e 5.5.3.

No uso pretendido desta função, o robô pode desacelerar, resultando em uma parada controlada de segurança (parada categoria 2) de acordo com IEC 60204-1.

Quando o operador sai do espaço de trabalho colaborativo, a função de parada monitorada com classificação de segurança pode ser desativada e o movimento do sistema do robô pode continuar automaticamente.

Qualquer condição que viole estes requisitos operacionais deve resultar em uma parada de proteção (categoria de parada 0) de acordo com IEC 60204-1.

13.3.2.2 GUIAMENTO MANUAL

Neste método de operação, um operador usa um dispositivo manual para transmitir comandos de movimento ao sistema de robôs. Antes de permitir que o operador entre no espaço de trabalho colaborativo e realize a tarefa de orientação manual, o robô atinge uma parada monitorada de segurança (item 5.5.2 da norma). A tarefa é realizada por atuação manual de dispositivos de guia localizados em ou perto da operação final do robô.

Os sistemas de robôs usados para orientação manual podem ser equipados com recursos adicionais, como amplificação de força, zonas de segurança virtual ou tecnologias de rastreamento.

Se os requisitos do item 5.5.5 forem cumpridos em uma tarefa orientadora manual, os requisitos do item 5.5.3 não se aplicam.

REQUISITOS DO ROBÔ

O robô deve utilizar uma função de velocidade monitorada com classificação de segurança (ISO 10218-1:2011, 5.6.4) e uma função de parada monitorada de segurança (item 5.5.2 da norma).

Uma avaliação de risco deve ser usada para determinar o limite de velocidade monitorado avaliado de segurança. Se a segurança do operador depender da limitação da amplitude de movimento do robô, este deve utilizar o eixo soft e o limite de espaço com classificação de segurança (ISO 10218-1:2011, 5.12.3).

A sequência de operação para guia manual é a seguinte:

a. O sistema de robôs está pronto para orientação manual quando entra no espaço de trabalho colaborativo e emite uma parada monitorada com classificação de segurança. O operador pode então entrar no espaço de trabalho colaborativo.

b. Quando o operador tomou o controle do sistema do robô com o dispositivo de orientação manual, a parada monitorizada de segurança foi desmarcada, e o operador efetuará a tarefa orientação manual.

c. Quando o operador liberar o dispositivo de guia, será emitida uma parada de segurança monitorada (ver item 5.5.2).

d. Quando o operador sair do espaço de trabalho colaborativo, o sistema do robô pode retomar a operação não colaborativa.

No modo de trabalho guiado, a parada monitorada pode ser desativada. Porém, quando a parada for desmarcada, o robô trabalhará em qual modo? Existe uma configuração na qual se pode liberar um *layer* de trabalho ao operador, e ele não tem acesso para alterar a configuração do robô, a não ser as configurações que são liberadas para o *layer* onde ele atua.

Se o operador entrar no espaço de trabalho colaborativo antes que o sistema do robô esteja pronto para a guia manual, deve ser emitida uma parada de proteção (ISO 10218-1:2011, 5.5.3).

O acesso ao espaço restrito fora do espaço de trabalho colaborativo deve ser evitado de acordo com uma avaliação de risco.

13.3.2.3 DISPOSITIVO DE GUIA

O sistema de robôs deve estar equipado com um dispositivo de guia que incorpore uma parada de emergência (ISO 10218-1:2011, 5.5.2 e 5.8.4) e um dispositivo de habilitação (ISO 10218-1:2011, 5.8.3), a menos que os requisitos de exclusão do dispositivo habilitador atendam ao item 5.4.5 da norma.

O dispositivo de orientação deve estar localizado considerando-se o seguinte:

a. Proximidade do operador ao robô de modo a poder observar diretamente o movimento do robô e quaisquer perigos que possam surgir desse movimento (por exemplo, controles montados nos operadores terminais).

b. A posição e a postura do operador não devem levar a riscos adicionais (por exemplo, operador não trabalhar sob cargas pesadas ou sob o braço manipulador).

c. O ponto de vantagem do operador deve permitir uma visão desobstruída de todo o espaço de trabalho colaborativo (por exemplo, pessoas adicionais que entram no espaço de trabalho colaborativo).

O mapeamento entre os eixos de movimento do dispositivo guia da mão e os eixos de movimento do robô devem ser claramente apresentados e facilmente compreendidos.

A direção do movimento do robô e da operação final deve ser intuitivamente compreensível e controlável a partir do dispositivo de guia manual.

13.3.2.4 TRANSIÇÕES ENTRE ORIENTAÇÃO MANUAL E OUTROS TIPOS DE OPERAÇÃO

As transições entre operações de orientação manual e operação não colaborativa ou outros tipos de operação colaborativa não devem introduzir riscos adicionais. O operador deve controlar tais transições por ações deliberadas (por exemplo, ativando o dispositivo de habilitação) e comportamento (por exemplo, deixar o espaço de trabalho colaborativo).

Aspectos específicos a serem considerados nestes casos são:

a. Nas transições do guia manual para a parada monitorada de segurança, a interrupção do movimento do robô e o início da parada monitorada de segurança não devem introduzir riscos adicionais.

b. As transições da parada controlada de segurança para o guia manual não devem levar a um movimento inesperado.

c. Em transições de orientação manual para operação não colaborativa, todos os operadores devem ter abandonado o espaço de trabalho colaborativo antes que o sistema robô possa continuar com operação não colaborativa.

d. As transições de operações não colaborativas para guias de mão não devem introduzir riscos adicionais.

13.3.2.5 MONITORAMENTO DE VELOCIDADE E SEPARAÇÃO

Neste método de operação — sistema robótico e operador —, o operador pode se mover simultaneamente no espaço de trabalho colaborativo.

A redução de risco é alcançada mantendo-se a distância de separação protetora entre o operador e o robô em todos os momentos. Durante a movimentação do robô, o sistema deste nunca se aproxima do operador além da distância de separação protetora.

Quando a distância de separação diminui para um valor abaixo da distância de separação protetora, o sistema do robô para. Quando o operador se afasta do sistema do robô, o sistema pode retomar o movimento automaticamente de acordo com os requisitos dessa cláusula, mantendo ao menos a distância de separação protetora. Quando o sistema do robô reduz sua velocidade, a distância de separação protetora diminui de forma correspondente.

REQUISITOS

O robô deve estar equipado com uma função de velocidade monitorada com classificação de segurança (conforme a norma ISO 10218-1:2011, 5.6.4) e uma função de parada monitorada com avaliação de segurança.

Se a segurança do operador depender da limitação da amplitude de movimento do robô, este deve estar equipado com a classificação de segurança com um eixo suave e um limite de espaço (ISO 10218-1:2011, 5.12.3).

O sistema de monitoramento de velocidade e separação deve atender aos requisitos do item 5.2 da norma. O monitoramento de velocidade e separação deve ser aplicado a todas as pessoas dentro do espaço de trabalho colaborativo.

Se o desempenho da medida de proteção for limitado pelo número de pessoas no espaço de trabalho colaborativo, o número máximo de pessoas deve ser indicado nas informações para uso. Se esse valor máximo for excedido, deve ocorrer uma parada de proteção. Se a distância de separação entre uma parte perigosa do sistema do robô e qualquer operador cair abaixo da distância de separação de proteção, o sistema do robô deve:

a. Iniciar uma parada de proteção.
b. Iniciar funções relacionadas à segurança que são conectadas ao sistema do robô de acordo com 10218-2:2011, 5.11.2 g. Por exemplo, desligar as ferramentas perigosas.

As possibilidades por meio das quais o sistema de controle do robô pode evitar violar a distância de separação de proteção incluem, mas não estão limitadas a:

- Redução de velocidade, possivelmente seguida de uma transição para parada monitorada de segurança (ver item 5.4.1).
- Execução de um caminho alternativo que não viola a distância de separação protetora, continuando com velocidade ativa e monitoramento de separação.

Quando a distância de separação real atende ou excede de separação de proteção, o movimento do robô pode ser retomado.

VALORES CONSTANTES E VARIÁVEIS DE VELOCIDADE E SEPARAÇÃO

As velocidades máximas permitidas e as distâncias mínimas de separação de proteção em uma aplicação podem ser variáveis ou constantes.

Para valores variáveis, as velocidades máximas permitidas e as distâncias de separação de proteção podem ser ajustadas continuamente com base nas velocidades e distâncias relativas do sistema do robô e do operador.

Para valores constantes, a velocidade máxima permitida e a distância de separação de proteção devem ser determinadas por meio da avaliação de risco como os piores casos durante todo o curso da aplicação.

Os meios para determinar as velocidades e distâncias relativas do operador e do sistema do robô devem ser classificados de acordo com os requisitos em ISO 10218-2:2011, 5.2.2.

MANTER A DISTÂNCIA DE SEPARAÇÃO SUFICIENTE

Durante o funcionamento automático, as partes perigosas do sistema do robô nunca devem se aproximar do operador mais do que a distância de separação de proteção, que pode ser calculada com base nos conceitos usados para criar a fórmula de distância mínima em ISO 13855, modificado para levar em conta os seguintes riscos associados ao monitoramento de velocidade e separação:

a. Em situações de configuração de velocidade constante, o valor do pior caso para a velocidade monitorada de segurança do robô é usado. Esse valor depende da aplicação e é validado pela avaliação de risco. O valor limite constante deve ser definido como uma velocidade monitorada de acordo com a segurança ISO 10218-1:2011, 5.6.4 para garantir que o limite constante não seja excedido.

b. Em situações de configuração de velocidade variável, as velocidades do sistema do robô e do operador são usadas para determinar o valor aplicável para a distância de separação de proteção em cada instante.

Alternativamente, a velocidade máxima permitida do robô pode ser determinada com base na velocidade do operador e na distância de separação real entre o robô e o operador. A função de controle para realizar isso deve obedecer a ISO 10218-2:2011, 5.2.2.

a. A distância de parada do robô é determinada de acordo com a ISO 10218-1:2011, Anexo B.

A norma ISO/TS 15066 propõe métodos e cálculo para a definição de distâncias seguras em seus itens nesse modo de trabalho e operação do robô colaborativo.

13.3.2.6 LIMITAÇÃO DE POTÊNCIA E FORÇA

Neste método de operação, o contato físico entre o sistema do robô (incluindo a peça de trabalho) e um operador pode ocorrer de forma intencional ou não intencional.

A operação colaborativa com limitação de força e potência requer sistemas de robôs especificamente projetados para esse tipo de operação particular. A redução de risco é alcançada, seja através de meios intrinsecamente seguros no robô ou de um sistema de controle relacionado à segurança, mantendo os riscos associados ao sistema do robô abaixo dos valores limite que são determinados durante a avaliação do risco.

Um meio para estabelecer os limites dos limites é descrito no Anexo A da norma ISO/TS 15066.

SITUAÇÕES DE CONTATO

Durante a operação colaborativa usando força e limitação de força, eventos de contato entre o robô colaborativo e as partes do corpo do operador podem ocorrer de várias maneiras:

a. Situações de contato pretendidas que fazem parte da sequência de aplicação.
b. Situações de contato incidental, que podem ser consequência de não seguir os procedimentos de trabalho, mas sem uma falha técnica.
c. Modos de falha que levam a situações de contato.

Os possíveis tipos de contato entre partes móveis do sistema de robôs e áreas no corpo de uma pessoa são categorizados da seguinte maneira.

- **Quasi-static contact:** Inclui situações de aperto ou esmagamento em que a parte do corpo de uma pessoa está presa entre uma parte móvel do sistema de robôs e outra parte fixa ou móvel da célula de trabalho. Em tal situação, o sistema

do robô aplicaria uma pressão ou força à parte do corpo presa por um intervalo de tempo prolongado até que a condição possa ser atenuada.
- **Transient contact:** Também é chamado de "impacto dinâmico" e descreve uma situação em que a parte do corpo de uma pessoa é afetada por uma parte móvel que retrocede do sistema robô e pode ou retrair-se do robô sem apertar ou travar a área do corpo em contato, havendo, assim, uma curta duração do contato real.

A inércia relevante do robô é a massa móvel calculada no local de contato. Isso pode ser em qualquer lugar ao longo da extensão da cadeia cinemática (ou seja, o braço manipulador, as ligações, a ferramenta e a peça de trabalho), de modo que estimar esse valor faz depende do uso da pose específica do robô, velocidades de ligação, distribuição de massa e localização de contato, ou usa o pior caso de valor.

REDUÇÃO DE RISCO PARA CONTATO POTENCIAL ENTRE O ROBÔ E O OPERADOR

A redução do risco deve considerar os meios pelos quais o possível contato entre o operador e o sistema do robô não resultaria em danos ao operador. Isso é conseguido:

a. Identificando-se as condições em que tal contato ocorreria.
b. Avaliando-se o potencial de risco desses contatos.
c. Projetando-se o sistema do robô e espaço de trabalho colaborativo para que esse contato seja pouco frequente e evitável.
d. Aplicando-se medidas de redução de risco para manter as situações de contato abaixo dos valores limites.

Para fins de avaliação de risco, qualquer contato potencial deve considerar que o operador não está protegido por quaisquer medidas de redução de risco, incluindo equipamentos de proteção pessoal.

Essa identificação deve considerar os seguintes critérios para possíveis eventos de contato:

- Os objetos com arestas afiadas, pontiagudas ou cortantes, como agulhas, tesouras ou facas, e peças que possam causar lesões não devem estar presentes na área de contato.
- A exposição ao contato com as regiões sensíveis do corpo, incluindo o crânio, a testa, a laringe, os olhos, as orelhas ou o rosto, deve ser prevenida sempre que possível.

MEDIDAS PASSIVAS E ATIVAS DE REDUÇÃO DE RISCO

As medidas de redução de risco para abordar o contato *quasi-static* e o contato *transient* são passivas ou de natureza ativa. As medidas passivas de projeto de segurança abordam o design mecânico do sistema robô, enquanto as medidas de projeto de segurança ativa abordam o projeto de controle do sistema robótico.

Os métodos passivos de design de segurança incluem, mas não estão limitados a:

a. Aumentar a área de superfície de contato:
   - Bordas arredondadas e cantos.
   - Superfícies lisas.
   - Superfícies compatíveis.

b. Absorver energia, estendendo o tempo de transferência de energia ou reduzindo as forças de impacto:
   - Estofamento, amortecimento.
   - Componentes deformáveis.
   - Articulações ou links compatíveis.

c. Limitar as massas em movimento.

Os métodos de projeto de segurança ativos incluem, mas não estão limitados a:

- Limitação de forças ou torques.
- Limitação de velocidades de movimentação de partes moveis.
- Limitação de impulso, potência mecânica ou energia em função de massas e velocidades.
- Uso da função de limitação de eixo suave e de classificação de segurança.
- Uso de função de parada monitorada com classificação de segurança.
- Uso de detecção para antecipar ou detectar contato (por exemplo, proximidade ou detecção de contato para reduzir forças quasistáticas).

A aplicação dessas e outras medidas relacionadas deve abordar a exposição esperada do operador, conforme determinado por uma avaliação de risco.

Pode ser necessária uma combinação de funções de segurança. Por exemplo, a função de segurança que limita a força pode ser efetiva até um certo limite de velocidade. Nesse caso, seria necessária uma função adicional de segurança de velocidade.

No caso de uma ou uma combinação de medidas de redução de risco passivas ou ativas não reduzir adequadamente o risco, pode ser necessário o uso de outras medidas de redução de risco, incluindo proteção ou salvaguarda.

Qualquer evento de aperto entre o sistema robótico colaborativo e as regiões do corpo humano deve ocorrer de modo a que a pessoa possa escapar de forma independente e fácil da condição de aperto.

LIMITES DE CONTROLE DE FORÇA E POTÊNCIA

O sistema do robô deve ser projetado para reduzir adequadamente os riscos para um operador, não excedendo os limites, limites aplicáveis para contatos quase estáticos e transitórios, conforme definido pela avaliação de risco. O Anexo A da ISO/TS 15066 fornece informações sobre como os valores limite podem ser determinados.

Os robôs que suportam operação colaborativa com limitação de potência e força podem ser fornecidos com meios para configurar limiares limitantes, por exemplo, em forças, torques, velocidades, impulso, potência mecânica, intervalos de eixos ou intervalos espaciais.

A redução de risco associada ao contato transitório pode envolver a limitação da velocidade das partes móveis (como o robô, a ferramenta ou a peça) e um design adequado das características físicas, como a área de superfície da peça móvel que pode entrar em contato com o operador.

A redução de risco associada à quase estática pode incluir limites de velocidade e características físicas, semelhantes ao contato transitório, além de características de projeto das partes do sistema de robôs que envolvem a possível armadilha ou aperto de uma área do operador ou do corpo.

Os valores limite para os eventos de contato relevantes nas regiões do corpo expostas devem ser analisados para os limites mais rigorosos.

Esses valores limite "pior caso" para eventos transientes e quase estáticos devem ser usados para determinar o nível adequado de redução de risco.

O projeto ou as medidas devem ser implementados de modo que os efeitos dos contatos identificados permaneçam abaixo desses valores limite.

Se o movimento do robô pode resultar em apertar ou fixar uma área do corpo entre uma parte do robô e outro item na célula do robô, a velocidade do robô deve ser limitada para que o sistema deste possa cumprir os limites de proteção associados ao corpo exposto na área. O robô também deve ser equipado com um meio para o operador extrair manualmente a área do corpo.

Os limites ergonômicos podem ser diferentes dos limites biomecânicos. Para contatos frequentes ou outros casos especiais, os valores limite, limite aplicáveis podem ser, ainda, reduzidos para um nível ergonomicamente aceitável.

LIMITES DE VELOCIDADE

Para reduzir o risco associado aos contatos transitórios, o sistema do robô deve limitar a velocidade da movimentação das partes do sistema do robô. Os limites de velocidade dependem da inercia (massa) e da dimensão mínima da área do robô que pode entrar em contato coma a região do corpo exposta.

Uma orientação sobre como os limites de velocidade podem ser estabelecidos é fornecida no Anexo A da ISO/TS 15066.

VERIFICAÇÃO E VALIDAÇÃO

Consulte os requerimentos de verificação e validação na ISO 10218-2:2011, cláusula 6.

14

QUESTÕES RELACIONADAS À APRECIAÇÃO DE RISCOS PARA ROBÔS COLABORATIVOS

OBJETIVOS

Este capítulo apresenta os conceitos e as definições aplicadas aos robôs colaborativos. São apresentadas questões que devem servir como base para a apreciação de riscos, projeto do espaço de trabalho para robôs colaborativos, operação segura dos robôs, entre outros.

Os robôs colaborativos, também chamados de *"cobots"*, foram desenvolvidos para trabalhar lado a lado com humanos de forma segura. Sua instalação na fábrica é muito mais simples e rápida, ao contrário dos robôs industriais convencionais, que precisam ser completamente isolados por meio de um aparato enorme de normas e dispositivos de segurança, o que torna sua instalação mais complexa e muito mais cara, além de requerer mais espaço físico no chão de fábrica.

Os robôs colaborativos podem exercer diversas funções dentro da indústria, das quais podemos citar algumas:

- Paletização.
- Alimentação de peças em máquinas CNC, injetoras e linhas de envase.
- Teste de vida útil de dispositivos e produtos.
- Inspeção de qualidade de produtos.
- Solda.

Pesquisas apontam que mais de 80% dos robôs colaborativos utilizados em conjunto com estratégias de automação industrial não precisam de cercado para proteger os trabalhadores, sendo esse um grande diferencial em comparação com os robôs tradicionais. Os robôs colaborativos são tão seguros, que trabalham ao lado dos operários como verdadeiros "colegas", auxiliando onde podem sem oferecer riscos.

É importante observar que todo projeto e instalação tem uma apreciação de risco que é validada para que possa operar em segurança ao lado dos operadores. Um ponto de atenção é o projeto da ferramenta que será utilizada e acoplada ao robô, pois ela não deve oferecer nenhum tipo de risco caso venha a tocar o operador.

Todas essas vantagens dos robôs colaborativos são mais bem aproveitadas com uma estratégia de automação industrial aplicada em conjunto, pois assim você soma os ganhos em produtividade com os robôs colaborativos com os recursos colocados em prática pela aplicação inteligente da automação industrial.

A definição literal de colaboração é *a ação* de trabalhar *com alguém para produzir ou criar algo*. Esse é o propósito exato dos robôs colaborativos. No entanto, o mal-entendido não é sobre o propósito ou uso do robô, mas sobre sua funcionalidade, ou, mais precisamente, como ele funciona. Na verdade, a maioria das pessoas pensa: um robô colaborativo é um robô que é usado sem enclausuramento e que pode trabalhar junto a seres humanos. Bem, sim, isso o tornaria colaborativo, mas não é o suficiente para ser seguro.

14.1 DEFINIÇÕES

A interação das pessoas com robôs ativos e aparelhos idênticos a robôs caracteriza-se por dois parâmetros de interação: espaço e tempo. Se não houver nem um espaço nem um tempo comum, onde as pessoas e o robô ativo agem, os movimentos robóticos não representam nenhum perigo, e a situação é considerada "não interativa". As situações nas quais as pessoas e os robôs partilham um espaço COMUM, mas em momentos diferentes, são consideradas "cooperativas". Para as situações nas quais as pessoas e os robôs em determinado momento trabalham no mesmo espaço foi estabelecido o termo "colaborativo"

COEXISTÊNCIA

Também nas aplicações robóticas industriais, nas quais ninguém tem de intervir durante o processo de produção, é necessário que um operador aceda ao espaço de trabalho do robô, por exemplo, para trabalhos de manutenção. Nesse tipo de aplicações, o espaço de trabalho e as portas de acesso devem ser vedados.

O bloqueio deve garantir que as funções robóticas perigosas sejam desligadas quando um operador entra na zona de perigo. Esse estado deve ser assegurado enquanto se encontrar uma pessoa nessa zona de perigo ou as portas de acesso estiverem abertas.

COOPERAÇÃO

As aplicações amplamente divulgadas para robôs industriais são processos de trabalho nos quais um operador carrega e descarrega a célula robotizada. Nesses cenários de aplicações cooperativas, os operadores e os robôs executam, em momentos diferentes, as operações necessárias no espaço de trabalho comum. Também aqui são necessárias medidas de proteção técnicas. Dependendo da constituição do sistema de carga e descarga, pode ser conveniente utilizar dispositivos de proteção optoeletrônicos, tais como cortinas de luz de segurança e scanner a laser de segurança.

COLABORAÇÃO

Em determinadas aplicações, é, porém, necessário que o homem e o robô ativo interajam ao mesmo tempo em um espaço de trabalho comum. Nesses cenários, designados por colaborativos, a força, a velocidade e as trajetórias do robô têm de ser limitadas. Para reduzir o risco — se existir —, podem ser utilizadas medidas protetoras inerentes ou podem ser aplicadas medidas adicionais, tais como a limitação do binário por meio da capacidade dos acionamentos ou das peças relacionadas com a segurança do comando do sistema. A força, a velocidade e as trajetórias do robô têm de ser limitadas e também monitoradas e controladas em função do nível de perigo real. Esse nível de risco depende também da distância entre o homem e a máquina. Essa tarefa requer sensores de confiança, que detectem pessoas ou calculem sua velocidade e distância para a zona de perigo. Essencialmente, esses sensores têm de dominar as exigências futuras inerentes ao desenvolvimento de tecnologias de colaboração.

QUESTÕES RELACIONADAS À APRECIAÇÃO DE RISCOS

14.2 QUESTÕES A SEREM APLICADAS NA APRECIAÇÃO DE RISCOS PARA UM ROBÔ COLABORATIVO

Para início do desenvolvimento de um trabalho de apreciação de riscos para um robô colaborativo, é necessário usar como base uma relação de tópicos e questões que podem ser aprimoradas ou até descartadas após o desenvolvimento de um documento que servirá de guia para trabalhos. Esses tópicos e essas questões são listados a seguir.

Tópicos a desenvolver:

- Área de trabalho colaborativa.
- Operação segura.
- Ergonomia aplicada à robótica.
- *End-effector* (garra).
- *Pendant* (painel de controle).
- Parada e acionamento do robô.
- Software.
- Parada monitorada do robô.
- Robô guiado pelas mãos.
- Monitoramento de velocidade e separação do robô.
- Limitação de força e potência do robô.

A seção a seguir trata das questões relacionadas com a área de trabalho para os robôs colaborativos.

14.2.1 ÁREA DE TRABALHO PARA ROBÔS COLABORATIVOS

A seguir são listadas as questões que servem como base para o projeto de áreas de trabalho colaborativas.

1. Existe projeto do espaço colaborativo?
2. Existem limites para a área de trabalho colaborativa (área pintada, isolamento)?

CONTROLE DE RISCOS OCUPACIONAIS NA INDÚSTRIA 4.0

3. Existem interferências no espaço de trabalho colaborativo (armazenamento de materiais, requisitos de fluxo de trabalho, obstáculos)?

4. Existe espaço necessário em torno de obstáculos, como acessórios, equipamentos e suporte de construção?

5. Existe acessibilidade para operadores (escâner com 270 graus de cobertura)?

6. Existem definição de rotas de acesso (por exemplo, caminho tomado pelo operador, movimentação de materiais na área de trabalho colaborativa, AGV etc.)?

7. Existem perigos associados a escorregões, tropeços e quedas (tais como bandejas de cabos, cabos, superfícies irregulares, carrinhos, umidade)?

8. Existe necessidade de restrição do acesso à área colaborativa, livre apenas para quem operará o robô colaborativo?

9. Existem outros equipamentos móveis dentro da área colaborativa?

10. Existem outros possíveis perigos na área colaborativa que não o robô?

11. Existe a presença de espaço restrito?

12. Existe a possibilidade de prisão do operador na área colaborativa?

13. Exitem pontos de esmagamento de corpo inteiro ou de partes do corpo do operador pelo robô?

14. O espaçamento está de acordo com a ISO 10218-2:2011, 5.11.3? Há demarcação do piso (pintura) e aplicação de sinais?

15. O espaço colaborativo tem obstruções?

16. Existe documentação?

17. Existe manual de treinamento?

18. Existem evidências de treinamento executado?

Itens da norma NR12 sobre área de trabalho colaborativa que devem ser considerados.

12.2.1 Nos locais de instalação de máquinas e equipamentos, as áreas de circulação devem ser devidamente demarcadas e em conformidade com as normas técnicas oficiais (NR26 — Sinalização, NBR 7195 — Cores para segurança).

12.2.1.2 As áreas de circulação sempre devem ser mantidas desobstruídas.

QUESTÕES RELACIONADAS À APRECIAÇÃO DE RISCOS

12.2.3 As áreas de circulação e armazenamento de materiais e os espaços em torno de máquinas devem ser projetados, dimensionados e mantidos de forma que os trabalhadores e os transportadores de materiais, mecanizados e manuais, movimentem-se com segurança.

a. Serem mantidos limpos e livres de objetos, ferramentas e quaisquer materiais que ofereçam riscos de acidentes.
b. Ter características de modo a prevenir riscos provenientes de graxas, óleos e outras substâncias e materiais que os tornem escorregadios.
c. Ser nivelados e resistentes às cargas a que estão sujeitos.

12.2.5 As ferramentas utilizadas no processo produtivo devem ser organizadas e armazenadas ou dispostas em locais específicos para essa finalidade.

12.2.6 As máquinas estacionárias devem ter medidas preventivas quanto à sua estabilidade, de modo que não basculem e não se desloquem intempestivamente por vibrações, choques, forças externas previsíveis, forças dinâmicas internas ou qualquer outro motivo acidental.

12.2.6.1 A instalação das máquinas estacionárias deve respeitar os requisitos necessários fornecidos pelos fabricantes, ou, na falta destes, o projeto elaborado por profissional legalmente habilitado, em especial quanto à fundação, fixação, amortecimento, nivelamento, ventilação, alimentação elétrica, pneumática e hidráulica, aterramento e sistemas de refrigeração.

12.2.7 Nas máquinas móveis que têm rodízios, pelo menos dois deles devem ter travas.

12.2.8 As máquinas, as áreas de circulação, os postos de trabalho e quaisquer outros locais em que possa haver trabalhadores devem ficar posicionados de modo que não ocorra transporte e movimentação aérea de materiais sobre os trabalhadores.

12.5.11 Sistemas de Segurança NR12.

As proteções devem ser projetadas e construídas de modo a atender aos seguintes requisitos de segurança:

a. Cumprir suas funções apropriadamente durante a vida útil da máquina ou possibilitar a reposição de partes deterioradas ou danificadas.

b. Ser constituídas de materiais resistentes e adequados à contenção de projeção de peças, materiais e partículas.

c. Fixação firme e garantia de estabilidade e resistência mecânica compatível com os esforços requeridos.

d. Não criar pontos de esmagamento ou agarramento com partes da máquina ou com outras proteções.

e. Não ter extremidades e arestas cortantes ou outras saliências perigosas.

f. Resistir às condições ambientais do local onde estão instaladas.

g. Impedir que possam ser burladas.

h. Impedir o acesso à zona de perigo.

i. Ter seus dispositivos de intertravamento protegidos adequadamente contra sujeira, poeiras e corrosão, se necessário.

j. Não acarretar riscos adicionais.

Questões relacionadas com os espaços de trabalho colaborativos de acordo com a norma ISO 10218-2:2011.

Devem ser observados os seguintes itens da norma *ISO 10218-2:2011*:

5.11.3 Requisitos para espaços de trabalho colaborativos.

O espaço de trabalho colaborativo onde o(s) operador(es) possa(m) interagir diretamente com o robô deve ser claramente definido (por exemplo, marcação, sinalização no piso etc.).

As pessoas devem ser protegidas por uma combinação de dispositivos de proteção e de acordo com as características de desempenho do robô permitidas na ABNT NBR ISO 10218-1, o que levará à interrupção de todos os perigos, de acordo com o item 5.2.2.

O projeto do espaço de trabalho colaborativo deve ser tal que o operador possa facilmente executar todas as tarefas, e a localização dos equipamentos e máquinas não pode apresentar perigos adicionais. Convém que os limites de segurança por software sejam, sempre que possível, utilizados para reduzir a faixa de possíveis movimentos livres (cubo virtual).

Convém que o sistema robotizado seja instalado para fornecer uma desobstrução mínima de 500mm (20in) do espaço de operação do robô (incluindo o braço, qualquer dispositivo fixo e a peça) até as áreas da edificação, estruturas, utilidades, outras máquinas e equipamentos que permitam o acesso de todo o corpo e que podem criar um ponto de aprisionamento ou compressão.

Quando essa desobstrução mínima não for provida, medidas de proteção adicionais para parar o movimento do robô devem ser tomadas para fornecer proteção enquanto o pessoal estiver dentro do limite de 500mm do perigo de aprisionamento ou compressão em um ambiente estático. Se houver movimento dinâmico (por exemplo, rastreamento de linha), considerações especiais podem ser necessárias.

Estes parâmetros podem ser diferentes para sistemas projetados para atender à ISO/TS 15066.

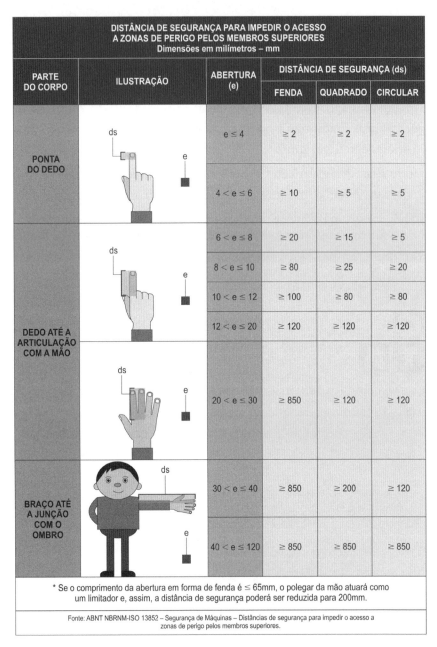

FIGURA 73 – Distância segura para impedir o acesso às zonas de perigo pelos membros superiores.

FONTE: NORMA ABNT NBRNM-ISO 13852

QUESTÕES RELACIONADAS À APRECIAÇÃO DE RISCOS

5.2.2 Perda ou alteração de energia.

A perda ou as variações de energia não podem resultar em perigo, e a religação de energia não pode levar a qualquer movimento.

Os robôs devem ser projetados e construídos de modo que a perda ou alteração da energia elétrica, hidráulica, pneumática ou de vácuo não resulte em perigo. Se existirem perigos que não são protegidos por projeto, então outras medidas de proteção devem ser tomadas para proteger contra esses perigos. Os perigos desprotegidos do uso esperado devem ser identificados nas informações de uso (tais como manuais de usuário e treinamentos).

Devem ser observados os seguintes itens da norma IEC 60204-1 no que diz respeito aos requisitos da fonte de energia elétrica:

- 5 — Terminações do condutor de alimentação de entrada e dispositivos para desconexão e desligamento.
- 6 — Circuito de proteção.

14.2.2 QUESTÕES SOBRE OPERAÇÃO SEGURA DE ACORDO COM A ISO/TS 15066

1. Já existe a descrição das tarefas, incluindo a formação e as qualificações exigidas de um operador?
2. Pode ocorrer erro ou uso indevido do robô (intencional ou não intencional) pelo operador?
3. Existe uma forma de evitar que isso ocorra?
4. É necessário identificação para pessoas (grupos) com acesso ao sistema de robô colaborativo?

CONTROLE DE RISCOS OCUPACIONAIS NA INDÚSTRIA 4.0

5. Existem situações potenciais de contato intencionais e não intencionais nas operações com o robô colaborativo?

6. Já está definido o início e término da operação colaborativa?

7. Existe transições de operações colaborativas para outros tipos de operação?

8. Existe uma localização onde o operador, com respeito à proximidade do robô, não pode permanecer por tempo indeterminado (no caso, trabalhando abaixo do robô)?

9. É frequente e prolongada a presença do operador na área de trabalho colaborativa, ou seja, com a movimentação do sistema robótico (montagem colaborativa com dispositivos externos)?

10. A frequência e duração do contato entre um operador e o sistema robótico, em operação com a aplicação em funcionamento energizado, é alta?

11. No que diz respeito ao processo, a frequência e a duração do contato com o robô pode ser diminuída?

12. Existe transição entre modo não colaborativo e modo colaborativo na aplicação do sistema robótico?

13. A reinicialização do sistema robótico após o término da operação colaborativa é manual ou automática?

14. Ocorre movimento não esperado no processo de reinicialização da operação colaborativa?

15. Existem tarefas envolvendo mais de um operador na operação colaborativa?

16. Existe qualquer tarefa adicional, dentro da área de trabalho colaborativa, durante a execução da aplicação colaborativa?

17. Existe ordem de manter desobstruído o espaço colaborativo?

18. Existe dispositivo informativo das condições de operação do robô, como, por exemplo, luzes visíveis ou alarmes?

Itens da NR 12 relacionados com a operação segura que devem ser considerados.

12.14.1 Devem ser elaborados procedimentos de trabalho e segurança específicos, padronizados, com descrição detalhada de cada tarefa, passo a passo, a partir da análise de risco.

12.14.1.1 Os procedimentos de trabalho e segurança não podem ser as únicas medidas de proteção adotadas para se prevenir acidentes, sendo considerados complementos, e não substitutos das medidas de proteção coletivas necessárias para a garantia da segurança e saúde dos trabalhadores.

12.14.2 Ao início de cada turno de trabalho ou após nova preparação da máquina ou equipamento, o operador deve efetuar inspeção rotineira das condições de operacionalidade e segurança, e se constatadas anormalidades que afetem a segurança, as atividades devem ser interrompidas, com a comunicação ao superior hierárquico.

12.14.3 Os serviços que envolvam risco de acidentes de trabalho em máquinas e equipamentos, exceto operação, devem ser planejados e realizados em conformidade com os procedimentos de trabalho e segurança, sob supervisão e anuência expressa de profissional habilitado ou qualificado, desde que autorizados.

12.14.3.1 As empresas que não têm serviço próprio de manutenção de suas máquinas ficam desobrigadas de elaborar procedimentos de trabalho e segurança para essa finalidade.

14.2.3 QUESTÕES SOBRE ERGONOMIA APLICADA À ROBÓTICA

1. Pode ocorrer um possível estresse, fadiga ou falta de concentração dos operadores, decorrentes do trabalho na área de operação colaborativa?
2. Existe o possível comportamento reflexo do operador para a operação do sistema de robô e equipamentos relacionados?
3. Existem limites biomecânicos aceitáveis sob a operação pretendida e uso incorreto razoavelmente previsível?
4. Qual o nível requerido de treinamento necessário e habilidades do operador?
5. Houve a determinação sobre o contato que poderia ser *transient* (que ocorre quando o robô entra em contato com uma parte do corpo humano sem quaisquer restrições, ou seja, a parte do corpo pode se mover livremente sob a força do robô) ou *quasi-static* (que ocorre quando o robô impele uma parte do corpo

humano contra um objeto fixo), e a parte do corpo do operador que pode ser afetada, repetidas vezes?
6. O projeto ergonômico é deficiente (que pode resultar na perda de atenção e/ou em operação imprópria)?
7. Existe na operação colaborativa a possibilidade de perigo de processos específicos, como, por exemplo, temperatura, partes ejetadas, respingo de solda?
8. É requerido o uso de EPI para trabalho com o robô?

14.2.4 QUESTÕES SOBRE *END-EFFECTOR* (EX.: GARRA)

1. A ferramenta de trabalho do robô (garra) é perigosa?
2. Tem design ergonômico?
3. Tem arestas vivas?
4. Pode ocorrer a perda da peça de trabalho?
5. Tem ferramentas salientes/retráteis?
6. É intercambiável e de fácil troca e manutenção?
7. No projeto de dispositivos, colocação e operação do grampo, podem surgir outros perigos relacionados? Eles podem ser evitados?
8. Qual a menor área de contato?
9. Em relação ao corpo do operador, a garra é também um dispositivo que deve ser projetado com segurança?

14.2.5 QUESTÕES SOBRE *PENDANT* (PAINEL DE CONTROLE)

1. Existe um projeto de localização de qualquer controle manual ou dispositivo guia do robô (acessibilidade, ergonomia, potencial de mau uso, possibilidade de confusão do controle e indicadores de situação imediata [status])?
2. O robô será operado manualmente pelo operador? O operador está habilitado para isso? Existiu treinamento? Segue a capacitação da NR 12?

QUESTÕES RELACIONADAS À APRECIAÇÃO DE RISCOS

3. As proteções projetadas para o trabalho do robô seguindo a programação primária são suficientes para suportar erros de operações manuais executadas por um operador inseguro, mal treinado, não treinado?

FIGURA 74 — Painel de controle de robôs.

14.2.6 QUESTÕES SOBRE PARADA E PARTIDA DO ROBÔ

1. Existe um levantamento de todas as necessidades de parada de emergência?
2. Existe um levantamento de ações a serem tomadas quando ocorrer parada de emergência com *end-effector loaded*?
3. O operador tem meios para impedir os movimentos do robô?
4. Existe dispositivo de habilitação?
5. Existe dispositivo de parada de emergência?
6. Existe facilidade de parada do robô com a mão?
7. A reinicialização ocorre com área de trabalho colaborativa populada?

8. Estão documentados e é do conhecimento de todos a quantidade e os locais dos dispositivos de parada de emergência?

9. Existe transição entre modo colaborativo e não colaborativo?

10. Existe indicador que informe transições entre os modos não colaborativo e colaborativo?

11. Em modo não colaborativo, existe dispositivo de segurança que faça o robô parar ou voltar para o modo colaborativo se a área de trabalho for invadida pelo operador?

12. O robô tem dispositivo habilitador que pode substituir um dispositivo habilitador externo?

13. Se o robô trabalha com dispositivo de habilitação interno, as funções de classificação de segurança devem estar sempre ativadas. Elas estão?

FIGURA 75 — Parada e partida de robô.

QUESTÕES RELACIONADAS À APRECIAÇÃO DE RISCOS

Questões sobre parada e partida do robô envolvendo a NR12.
Devem ser observados os seguintes itens da norma NR 12:

12.4.1 Os dispositivos de partida, acionamento e parada das máquinas devem ser projetados, selecionados e instalados de modo que:

- Não se localizem em suas zonas perigosas.
- Em caso de emergência, possam ser acionados ou desligados por outra pessoa que não seja o operador.
- Impeçam acionamento ou desligamento involuntário pelo operador ou por qualquer outra forma acidental.
- Não acarretem riscos adicionais.
- Não possam ser burlados.

12.4.2 Os comandos de partida ou acionamento das máquinas devem ter dispositivos que impeçam seu funcionamento automático ao serem energizadas.

12.4.3 Quando forem utilizados dispositivos de acionamento do tipo comando bimanual, visando a manter as mãos do operador fora da zona de perigo, estes devem atender aos seguintes requisitos mínimos do comando:

- Ter atuação síncrona, ou seja, um sinal de saída deve ser gerado somente quando os dois dispositivos de atuação do comando — botões — forem atuados com um retardo de tempo menor ou igual a 0,5s (meio segundo).
- Estar sob monitoramento automático por interface de segurança.
- Ter relação entre os sinais de entrada e saída, de modo que os sinais de entrada aplicados a cada um dos dois dispositivos de atuação do comando devem, juntos, se iniciar e manter o sinal de saída do dispositivo de comando bimanual somente durante a aplicação dos dois sinais.
- O sinal de saída deve terminar quando houver desativação de qualquer dos dispositivos de atuação de comando.
- Ter dispositivos de comando que exijam uma atuação intencional a fim de minimizar a probabilidade de comando acidental.

185

CONTROLE DE RISCOS OCUPACIONAIS NA INDÚSTRIA 4.0

▶ Ter distanciamento e barreiras entre os dispositivos de atuação de comando para dificultar a burla do efeito de proteção do dispositivo de comando bimanual.

▶ Tornar possível o reinício do sinal de saída somente após a desativação dos dois dispositivos de atuação do comando.

12.4.4 Nas máquinas e equipamentos operados por dois ou mais dispositivos de acionamento bimanual, a atuação síncrona é requerida somente para cada um dos dispositivos de acionamento bimanual, e não entre dispositivos diferentes, que devem manter simultaneidade entre si.

12.4.5 Os dispositivos de acionamento bimanual devem ser posicionados a uma distância segura da zona de perigo, levando em consideração:

a. A forma, a disposição e o tempo de resposta do dispositivo de acionamento bimanual.
b. O tempo máximo necessário para a paralisação da máquina ou para a remoção do perigo após o término do sinal de saída do dispositivo de acionamento bimanual.
c. A utilização projetada para a máquina.

12.4.6 Os dispositivos de acionamento bimanual móveis instalados em pedestais devem:

a. Manter-se estáveis em sua posição de trabalho.
b. Ter altura compatível com o alcance do operador em sua posição de trabalho.

12.4.7 Nas máquinas e nos equipamentos cuja operação requeira a participação de mais de uma pessoa, o número de dispositivos de acionamento bimanual simultâneos deve corresponder ao número de operadores expostos aos perigos decorrentes de seu acionamento, de modo que o nível de proteção seja o mesmo para cada trabalhador.

12.4.7.1 Deve haver seletor do número de dispositivos de acionamento em utilização, com bloqueio que impeça sua seleção por pessoas não autorizadas.

QUESTÕES RELACIONADAS À APRECIAÇÃO DE RISCOS

12.4.7.2 O circuito de acionamento deve ser projetado de modo a impedir o funcionamento dos dispositivos de acionamento bimanual habilitados pelo seletor enquanto os demais comandos não habilitados não forem desconectados.

12.4.7.3 Quando utilizados dois ou mais dispositivos de acionamento bimanual simultâneos, devem ter um sinal luminoso que indique seu funcionamento.

12.4.8 As máquinas ou equipamentos concebidos e fabricados para permitir a utilização de vários modos de comando ou de funcionamento que apresentem níveis de segurança diferentes devem ter um seletor que atenda aos seguintes requisitos:

a. Bloqueio em cada posição, impedindo sua mudança por pessoas não autorizadas.
b. Correspondência de cada posição a um único modo de comando ou de funcionamento.
c. Modo de comando selecionado com prioridade sobre todos os outros sistemas de comando, com exceção da parada de emergência.
d. A seleção deve ser visível, clara e facilmente identificável.

12.4.9 As máquinas e os equipamentos cujo acionamento por pessoas não autorizadas possam oferecer risco à saúde ou integridade física de qualquer pessoa devem ter sistema que possibilite o bloqueio de seus dispositivos de acionamento.

12.4.10 O acionamento e o desligamento simultâneo por um único comando de um conjunto de máquinas e equipamentos ou de máquinas e equipamentos de grande dimensão devem ser precedidos da emissão de sinal sonoro ou visual.

12.4.11 Devem ser adotadas, quando necessárias, medidas adicionais de alerta, como sinal visual e dispositivos de telecomunicação, considerando as características do processo produtivo e dos trabalhadores.

12.4.12 As máquinas e os equipamentos comandados por radiofrequência devem ter proteção contra interferências eletromagnéticas acidentais.

CONTROLE DE RISCOS OCUPACIONAIS NA INDÚSTRIA 4.0

12.4.13 Os componentes de partida, parada, acionamento e controles que compõem a interface de operação das máquinas e equipamentos fabricados a partir de 24 de março de 2012 devem:

a. Possibilitar a instalação e o funcionamento do sistema de parada de emergência, quando aplicável, conforme itens e subitens do capítulo sobre dispositivos de parada de emergência dessa norma.

b. Operar em extrabaixa tensão de até 25VCA (25 volts em corrente alternada) ou de até 60VCC (60 em corrente contínua), ou ser adotada outra medida de proteção contra choques elétricos, conforme as normas técnicas oficiais vigentes.

12.4.13.1 Os componentes de partida, parada, acionamento e controles que compõem a interface de operação das máquinas e equipamentos fabricados até 24 de março de 2012 devem:

a. Possibilitar a instalação e o funcionamento do sistema de parada de emergência, quando aplicável, conforme itens e subitens do capítulo dispositivos de parada de emergência dessa norma; e quando a apreciação de risco indicar a necessidade de proteções contra choques elétricos, operar em extrabaixa tensão de até 25VCA (25 volts em corrente alternada) ou de até 60VCC (60 volts em corrente contínua), ou ser adotada outra medida de proteção, conforme normas técnicas oficiais vigentes.

12.4.14 Quando indicado pela apreciação de riscos, em função da categoria de segurança requerida, o circuito elétrico do comando da partida e parada, inclusive de emergência, do motor das máquinas e equipamentos deve ser redundante e atender a uma das seguintes concepções, ou estar de acordo com o estabelecido pelas normas técnicas nacionais vigentes e, na falta destas, pelas normas técnicas internacionais: (Item alterado e alíneas inseridas pela Portaria MTPS nº 509, de 29 de abril de 2016)

• Ter, no mínimo, dois contatores ligados em série, com contatos mecanicamente ligados ou contatos espelho, monitorados por interface de segurança.

QUESTÕES RELACIONADAS À APRECIAÇÃO DE RISCOS

- Utilizar um contator com contatos mecanicamente ligados ou contatos espelho, ligado em série a inversores ou conversores de frequência ou *softstarters* que tenha entrada de habilitação e que disponibilize um sinal de falha, monitorados por interface de segurança.
- Utilizar dois contatores com contatos mecanicamente ligados ou contatos espelho, monitorados por interface de segurança, ligados em série a inversores ou conversores de frequência ou *softstarters* que não tenha entrada de habilitação e não disponibilize um sinal de falha.
- Utilizar inversores ou conversores de frequência ou *softstarters* que tenha entrada de segurança e atenda aos requisitos da categoria de segurança requerida.

12.4.14.1 Para o atendimento aos requisitos do item 12.4.14, alíneas "b", "c" e "d", é permitida a parada controlada do motor, desde que não haja riscos decorrentes de sua parada não instantânea.

12.6.3 Os dispositivos de parada de emergência devem:

a. Ser selecionados, montados e interconectados de forma a suportar as condições de operação previstas, bem como as influências do meio.
b. Ser usados como medida auxiliar, não podendo ser alternativa a medidas adequadas de proteção ou a sistemas automáticos de segurança.
c. Ter acionadores projetados para fácil atuação do operador ou outros que possam necessitar de sua utilização.
d. Prevalecer sobre todos os outros comandos.
e. Provocar a parada da operação ou processo perigoso em período de tempo tão reduzido quanto tecnicamente possível, sem provocar riscos suplementares.
f. Ter sua função disponível e operacional a qualquer tempo, independentemente do modo de operação.
g. Ser mantidos em perfeito estado de funcionamento.

12.6.5 O acionamento do dispositivo de parada de emergência deve também resultar na retenção do acionador, de tal forma que, quando a ação no acionador for descontinuada, este se mantenha retido até que seja desabilitado.

12.6.6 Quando usados acionadores do tipo cabo, deve-se:

a. Utilizar chaves de parada de emergência que trabalhem tracionadas, de modo a cessarem automaticamente as funções perigosas da máquina em caso de ruptura ou afrouxamento dos cabos.

b. Considerar o deslocamento e a força aplicada nos acionadores, necessários para a atuação das chaves de parada de emergência.

c. Obedecer a distância máxima entre as chaves de parada de emergência recomendada pelo fabricante.

12.6.7 As chaves de parada de emergência devem ser localizadas de tal forma que todo o cabo de acionamento seja visível a partir da posição de desacionamento da parada de emergência.

12.6.8 A parada de emergência deve exigir rearme, ou *reset* manual, a ser realizado somente após a correção do evento que motivou o acionamento da parada de emergência.

12.6.8.1 A localização dos acionadores de rearme deve permitir uma visualização completa da área protegida pelo cabo.

Parâmetro	Parada de emergência	Parada de proteção
Localização do meio de iniciação	O operador tem acesso rápido, sem obstruções.	Para dispositivos de proteção, a localização é determinada pelas equações de distância mínimas (seguras) descritas na ABNT NBR ISO 13855.
Iniciação	Manual.	Manual, automática ou pode ser iniciada automaticamente por uma função de segurança.
Desempenho do sistema de controle de segurança	Deve atender ao requisito de desempenho 5.4 da norma — Limitação dos movimentos do robô.	Deve atender ao requisito de desempenho 5.4 da norma — Limitação dos movimentos do robô. Robô colaborativo, por meio de software, para criar área de trabalho e área restringida.

QUESTÕES RELACIONADAS À APRECIAÇÃO DE RISCOS

Parâmetro	Parada de emergência	Parada de proteção
Reinicialização	Somente manual.	Manual ou automática.
Frequência de uso	Não frequente.	Variável; de cada operação até não frequente.
Finalidade	Emergência.	Dispositivo de segurança ou redução de risco.
Efeito	Remover todas as fontes de energia de todos os perigos.	Controlar com segurança os perigos protegidos.

FIGURA 76 — Comparação entre paradas de emergência e de proteção — ISO 10218.
FONTE: O AUTOR

Parada e partida do robô de acordo com a norma IEC 60204-1.

As funções de segurança e/ou medidas de proteção (como, por exemplo, intertravamentos) devem ser fornecidas quando requeridas para reduzir a possibilidade de situações perigosas.

Quando uma máquina tiver mais de uma estação de controle, medidas devem ser fornecidas para assegurar que o início dos comandos das diferentes estações de controle não leve uma situação perigosa.

PARTIDA

As funções de partida devem operar energizando o circuito relevante. O início de uma operação deve ser possível somente quando todas as funções de segurança e/ou medidas de proteção relevantes forem implementadas e estiverem operacionais.

Para aquelas máquinas (como máquinas móveis) onde as funções de segurança e/ou medidas de proteção não podem ser aplicadas para certas operações, a partida dessas operações deve ser por dispositivo de comando sem retenção com dispositivos de ativação, conforme apropriado.

Recomenda-se que seja considerado o fornecimento de sinais de advertência sonoros e/ou visuais antes do início da operação perigosa da máquina.

Intertravamentos adequados devem ser fornecidos, quando necessário, para a partida sequencial correta.

No caso de máquinas que requerem o uso de mais de uma estação de controle para iniciar uma partida, cada uma dessas estações de controle deve ter um dispositivo de controle de partida separado acionado manualmente. As condições para iniciar uma partida devem ser:

- Todas as condições requeridas para a operação da máquina devem ser atendidas.
- Todos os dispositivos de controle de partida devem estar na posição liberada (desligada), e então, todos os dispositivos de controle de partida devem ser acionados simultaneamente.

As funções de parada de categoria 0 e/ou parada de categoria 1 e/ou parada de categoria 2 devem ser fornecidas conforme indicado pela apreciação de riscos e pelos requisitos funcionais da máquina.

O dispositivo de seccionamento de alimentação, quando operado, atinge uma parada de categoria 0.

As funções de parada devem sobrepor as funções de partida relacionadas. Quando mais de uma estação de controle for fornecida, os comandos de parada de qualquer estação de controle devem ser efetivos quando requeridos pela apreciação de riscos da máquina.

Quando as funções de parada forem iniciadas, pode ser necessário descontinuar as funções da máquina, exceto o movimento.

QUESTÕES RELACIONADAS À APRECIAÇÃO DE RISCOS

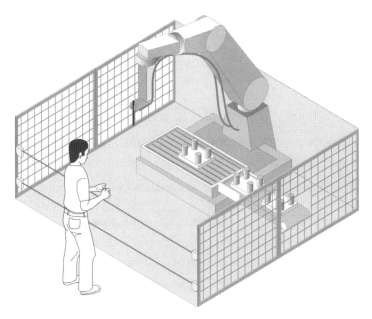

FIGURA 77 — Parada e partida do robô.
FONTE: O AUTOR

PARADA DE EMERGÊNCIA

Os requisitos para os aspectos funcionais do equipamento de parada de emergência são fornecidos pela norma ISO 13850.

A parada de emergência deve funcionar como uma parada de categoria 0 ou como uma parada de categoria 1. A escolha da categoria de parada da parada de emergência depende dos resultados de uma apreciação de riscos da máquina.

Exceção: em alguns casos, para evitar a criação de riscos adicionais, pode ser necessário realizar uma parada controlada e manter a energia dos acionadores da máquina, mesmo após a parada ter sido atingida. A condição de parada deve ser monitorada, e, mediante a detecção de falha na condição de parada, a energia deve ser removida sem criar uma situação perigosa.

Além dos requisitos para parada fornecidos anteriormente, a função de parada de emergência tem os seguintes requisitos:

- Deve neutralizar as demais funções e operações em todos os modos.

- Deve parar o movimento perigoso o mais rápido possível, sem criar outros perigos.
- O rearme (*reset*) não pode iniciar uma nova partida.

DESLIGAMENTO DE EMERGÊNCIA

Os aspectos funcionais do desligamento de emergência são fornecidos pela norma IEC 60364-5-53:2001.

Convém que o desligamento de emergência seja fornecido quando:

- A proteção básica (por exemplo, para fios condutores, barras condutoras, conjuntos de anéis coletores, dispositivo de comando em áreas operacionais elétricas) somente for atingida pela colocação fora do alcance ou por obstáculos.
- Existir a possibilidade de outros perigos ou danos provocados por eletricidade.

O desligamento de emergência é realizado desligando-se a alimentação relevante por dispositivos de comutação eletromecânicos, efetuando uma parada de categoria 0 dos acionadores da máquina conectados a essa alimentação de entrada. Quando uma máquina não pode tolerar essa parada de categoria 0, pode ser necessário fornecer outras medidas, por exemplo, proteção básica, de modo que o desligamento de emergência não seja necessário.

MODOS DE OPERAÇÃO

Cada máquina pode ter um ou mais modos de operação (por exemplo, modo manual, modo automático, modo de ajuste, modo de manutenção) determinados pelo tipo de máquina e sua aplicação.

Quando a máquina foi projetada e construída para permitir sua utilização em vários modos de controle ou operação que requerem medidas de proteção diferentes e que tenham um impacto diferente na segurança, ela deve ser equipada com um seletor de modo que possa ser travado em cada posição (por exemplo, comutadora operada por chave). Cada posição do seletor deve ser claramente identificável e corresponder a um único modo de operação ou controle.

QUESTÕES RELACIONADAS À APRECIAÇÃO DE RISCOS

O seletor pode ser substituído por outro método de seleção que restrinja o uso de certas funções da máquina de certas categorias de operadores (por exemplo, código de acesso).

A seleção de modo por si só não pode iniciar a operação da máquina. Um acionamento separado do controle de partida deve ser requerido. Para cada modo de operação específico, as funções de segurança e/ou as medidas de proteção relevantes devem ser implementadas.

A indicação do modo de operação selecionado deve ser fornecida (por exemplo, a posição de um seletor de modo, a provisão de uma luz indicadora, uma indicação de exibição visual).

MONITORAMENTO DAS AÇÕES DE COMANDO

O movimento ou ação de uma máquina ou parte de uma máquina que possa resultar em uma situação perigosa deve ser monitorado provendo, por exemplo, limitadores de curso, detecção de sobrevelocidade do motor elétrico, detecção de sobrecarga mecânica ou dispositivos anticolisão.

Em algumas máquinas controladas manualmente (por exemplo, furadeira manual), os operadores proveem monitoramento.

DISPOSITIVO DE COMANDO SEM RETENÇÃO

Dispositivos de comando sem retenção devem requerer um acionamento contínuo do(s) dispositivo(s) de controle para conseguir a operação.

CONTROLES BIMANUAIS

Três tipos de controle bimanual são definidos na ISO 13851, cuja seleção é determinada pela apreciação de riscos. Esses controles devem ter as seguintes características:

TIPO I: REQUISITOS

- Provisão de dois dispositivos de controle e seu acionamento simultâneo por ambas as mãos.
- Acionamento simultâneo contínuo durante a situação perigosa.
- Que a operação da máquina cesse após a liberação de qualquer um ou de ambos os dispositivos de controle quando situações perigosas ainda estiverem presentes.

Um dispositivo de controle bimanual do Tipo I não é considerado adequado para o início da operação perigosa.

TIPO II

- Um controle do Tipo I que requer a liberação de ambos dispositivos de controle antes que a operação da máquina possa ser reiniciada.

TIPO III

- Um controle do Tipo II que requer o acionamento simultâneo dos dispositivos de controle conforme descrito a seguir:
  - ▶ Deve ser necessário acionar os dispositivos de controle dentro de um determinado limite de tempo entre si, não excedendo 0,5s.
  - ▶ Quando esse limite for excedido, ambos os dispositivos de controle devem ser liberados antes que a operação da máquina possa ser iniciada.

CONTROLE DE HABILITAÇÃO

O controle de habilitação é um intertravamento da função de controle ativado manualmente que:

- Quando ativado, permite que uma operação da máquina seja iniciada por um controle de partida separado, e quando desativado, inicia uma função de parada.

QUESTÕES RELACIONADAS À APRECIAÇÃO DE RISCOS

- Evita o início da operação da máquina.
- O controle de habilitação deve ser disposto de modo a minimizar a possibilidade de neutralização, por exemplo, requerendo a desativação do dispositivo de controle de habilitação antes que a operação da máquina possa ser reiniciada.

CONTROLES COMBINADOS DE PARTIDA E PARADA

Botões de pressão e dispositivos de controle similares que, quando operados, iniciam e param alternadamente o movimento somente devem ser fornecidos por funções que não possam resultar em uma situação perigosa.

14.2.7 QUESTÕES SOBRE SEGURANÇA DE SOFTWARE

1. Informações de configuração e parâmetros de segurança podem ser vistas e usam identificador único (*checksum*)?
2. Alterações de configurações podem ser identificadas facilmente?
3. A senha de proteção contra alterações de configurações do robô está instalada?
4. Quando o robô trabalha com dispositivo de habilitação interno, as funções de classificação de segurança devem estar sempre ativadas. Elas estão?
5. Existem e quais são os limites utilizados no robô (por exemplo, velocidade, força, alcance)?
6. Os limites garantem redução de risco suficiente?
7. Existe algum momento em que os limites de classificação de segurança são desabilitados?
8. Quando os limites estão desativados, o dispositivo habilitador externo está disponível?
9. Existe informação visível de que o robô não tem dispositivo de habilitação?
10. Se for uma opção, o fornecedor instrui sobre como instalar dispositivo de habilitação?
11. Existe aviso de que o robô não tem dispositivo habilitador visível?

14.2.8 QUESTÕES SOBRE PARADA DE SEGURANÇA VIGIADA DO ROBÔ

1. Parada monitorada com classificação de segurança. Esse recurso está habilitado para segurança do operador que entra na área colaborativa?

2. Quando não existe operador na área colaborativa, o robô trabalha em modo não colaborativo?

3. Quando a classificação de segurança está ativa, o operador pode entrar na área colaborativa?

4. O robô volta a trabalhar apenas quando a área colaborativa está liberada?

5. O robô tem uma ou mais funções de parada de emergência?

6. Quais as funções de parada de proteção?

7. Quais as funções de parada de emergência?

8. Existe algum sistema de parada de emergência externo à área de trabalho?

9. Existe algum sinal que identifique que o robô está parado ou em modo colaborativo ou em modo automação?

10. Quando o robô parar, todos os perigos deixarão de existir?

11. O robô para com um produto suspenso? O que o robô transporta pode cair? É pesado? Pode atingir alguém?

12. Durante a parada de emergência, os atuadores são desenergizados?

QUESTÕES RELACIONADAS À APRECIAÇÃO DE RISCOS

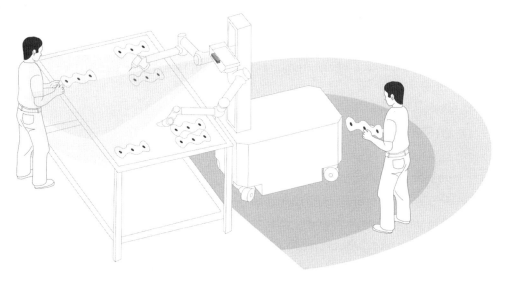

FIGURA 78 — Segurança vigiada de robô.
FONTE: O AUTOR

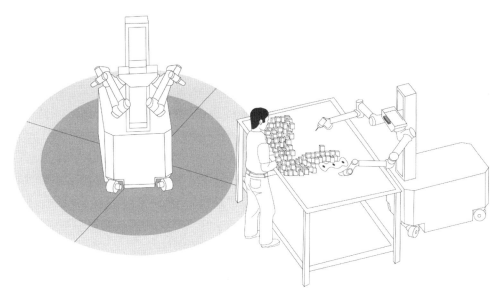

FIGURA 79 — Parada monitorada de robô.
FONTE: O AUTOR

13. O robô sofre *reset* na parada de emergência?
14. Ao reenergizar o robô, qual o processo de *restart* do robô?
15. A parada de emergência tem precedência sobre todas as outras funções do robô?
16. O robô permanece ativo durante o *reset*?
17. O robô só recebe *reset* por ação manual?
18. Quando um sinal de emergência é acionado, a saída continuará a funcionar quando a potência do robô for removida?
19. Se a saída não continuar a funcionar quando a fonte de alimentação for removida, um sinal de alerta de emergência será ativado?
20. Durante a parada de proteção, o robô tem todos seus movimentos desativados?
21. Durante a parada de proteção, a energia nos atuadores do robô é desativada?
22. Durante a parada de proteção, todos os riscos controlados pelo robô deixam de existir?
23. Essa parada pode ser reiniciada manualmente ou por lógica de controle?
24. Durante a parada de proteção, o robô pode ter *reset*?
25. Durante a parada de proteção, o robô pode entrar em processo de singularidade?
26. Durante a parada de proteção, o robô volta a trabalhar quando?
27. O robô tem uma parada de proteção adicional? Essa parada remove a energia do inversor? Essa parada exige o monitoramento da condição de parada após o robô parar?
28. Caso o robô se mova durante a parada de proteção monitorada, ele imediatamente sofre ação de uma parada de emergência categoria 0?
29. Após cessar a causa da parada de proteção, a função de reinicialização pode partir de dispositivo externo?
30. O fabricante incluiu a categoria de parada de cada entrada de circuito de parada de proteção na informação para uso no manual?
31. Todos os processos de parada de emergência ou controle estão documentados em manual de uso?
32. As funções de segurança do robô não se perdem após o *reset*?

QUESTÕES RELACIONADAS À APRECIAÇÃO DE RISCOS

33. As funções de segurança do robô têm precedência?
34. As funções de segurança do robô estão protegidas por senha?
35. As funções de segurança do robô têm controle de alteração?
36. Quando ocorre uma falha qualquer, as funções de segurança são sempre executadas?
37. As funções de segurança permanecem ativas até que a causa da falha seja corrigida?
38. Todas as falhas podem ser previstas e detectadas?
39. O requisito de detecção de falha única não significa que todas as falhas serão detectadas. Consequentemente, a acumulação de falhas não detectadas pode levar a uma saída não intencional e a uma situação perigosa na máquina?
40. Todas as situações de possíveis falhas estão documentadas, e estão indicadas as ações a serem tomadas?
41. A área de trabalho do robô é demarcada por dispositivos limitadores?
42. O maior eixo do robô tem limitação mecânica?
43. O maior eixo do robô tem estrutura limitadora, por exemplo, construção cinemática paralela?
44. Quando o robô atinge o limite de um eixo, ele deve ser parado?
45. Caso o robô possa continuar a se movimentar mesmo que durante o limite de um eixo seja atingido, isso está documentado nas informações de uso?
46. Os eixos 2 são os que propiciam maior alcance de deslocamento ao robô?
47. Existem limitadores mecânicos ou outros para esses dois eixos?
48. Existem limitadores mecânicos e eles são capazes de conter os movimentos do robô em carga nominal, velocidade máxima, nas extensões máximas e mínimas?
49. Existem testes dos batentes mecânicos sem qualquer parada assistida?
50. São usados métodos alternativos para limitar a amplitude de movimento do robô? Os métodos alternativos atendem à ISO 13849-1, PLd e IEC 62061 SIL 2?

51. Uma simples falha em qualquer uma dessas partes limitadoras pode acarretar perda das funções de segurança?

Observações:

- Sempre que razoavelmente praticável, a falha única deve ser detectada, ou antes da próxima solicitação da função de segurança.
- Quando uma simples falha ocorrer, a função de segurança é sempre executada e o estado de segurança deve ser mantido até que a falha detectada seja corrigida.
- O requisito de detecção de falha única não significa que todas as falhas serão detectadas. Consequentemente, a acumulação de falhas não detectadas pode levar a uma saída não intencional e a uma situação perigosa na máquina?

1. Os dispositivos de limitação eletromecânica podem ser alterados pelo programa do robô?
2. Os dispositivos ajustáveis permitem ao usuário minimizar o tamanho do espaço restrito?
3. Todos os ajustes do robô estão documentados?
4. Os manuais têm informações sobre tempo de parada na velocidade máxima para dispositivos limitadores eletromecânicos, inclusive tempo de monitoramento e distância percorrida antes de atingir o ponto final?
5. Existe uma limitação de espaço em forma geométrica definida, área de trabalho do robô, para inclusão ou exclusão?
6. Dentro dessa área, o robô pode parar em carga e velocidade?
7. O fabricante deve declarar a capacidade nas informações para uso e deve desabilitar os limites flexíveis classificados de segurança, se esse recurso não for suportado?
8. Alterações de programas de controle somente podem ser feitas por pessoas autorizadas seguindo o item 5.4 da ISO 10218-1, definição de PL.
9. Quando uma classificação de segurança for violada, uma parada de proteção deve ser iniciada automaticamente. Isso ocorre?

QUESTÕES RELACIONADAS À APRECIAÇÃO DE RISCOS

10. O movimento durante uma violação deve estar em velocidade reduzida, segundo o item 5.6.3 da ISO 10218-1. Isso ocorre?

11. Alterações em parâmetros de segurança não podem ser executadas sem que ocorra reinicialização do subsistema relacionado. Não pode ser reconfigurado durante a execução automática do programa de tarefas. Isso pode ocorrer?

12. Os manuais devem conter informações sobre tempo de parada na velocidade máxima para dispositivos limitadores eletromecânicos, inclusive tempo de monitoramento e distância percorrida antes de atingir o ponto final.

13. Todas as configurações de segurança devem ter um identificador único, uma soma de verificação, que é gerado automaticamente pelo sistema do robô quando uma configuração de segurança é definida. Qualquer alteração na configuração causará geração de um novo valor. Isso ocorre? Está documentado?

14. O espaço de trabalho colaborativo deve ser estabelecido com distâncias que atendam aos requisitos do ISO 13855. O sistema do robô deve estar equipado com dispositivos de segurança que detectem a presença de um operador dentro do espaço de trabalho colaborativo. O acesso ao espaço restrito fora do espaço de trabalho colaborativo deve ser evitado de acordo com uma avaliação de risco.

14.2.8.1 REQUISITO DE DESEMPENHO

As partes de segurança dos sistemas de controle devem ser projetadas de modo que elas estejam de acordo com PLd, com estrutura de categoria 3, conforme descrito na ISO 13849-1:2006, ou de modo que elas atendam ao SIL 2 com tolerância contra defeitos de hardware de 1 com um intervalo de ensaio de prova não inferior a vinte anos, conforme descrito na IEC 62061:2005.

Isso significa que:

a. Um único defeito em qualquer uma dessas partes não leva à perda da função de segurança.

b. Sempre que possível, o único defeito deve ser detectado antes ou durante a próxima demanda da função de segurança.

c. Quando ocorrer o único defeito, a função de segurança é sempre realizada, e um estado seguro deve ser mantido até que o defeito detectado seja corrigido.

d. Todos os defeitos razoavelmente previsíveis devem ser detectados.

Os requisitos de "a" a "d" são considerados equivalentes à estrutura de categoria 3, conforme descrito na ISO 13849-1:2006.

O requisito de detecção de um único defeito não significa que todos os defeitos são detectados. Consequentemente, o acúmulo de defeitos não detectados pode levar a uma saída não pretendida e a uma situação perigosa na máquina.

1. O movimento durante uma violação deve estar em velocidade reduzida, segundo o item 5.6.3 da ISO 10218-1. Isso ocorre?
2. Quando provido, o controle de velocidade reduzida de segurança deve ser projetado e construído de acordo com o item 5.4.2, de modo que, em caso de um defeito, a velocidade do TCP (*Tool Center Point*, Ponto Central da Ferramenta) não exceda ao limite de velocidade reduzida (ver item 5.6.2), e uma parada de proteção é emitida quando ocorre um defeito.
3. Quando operar sob controle de velocidade reduzida, a velocidade do TCP não pode exceder 250mm/s.
4. Convém que seja possível selecionar velocidades inferiores a 250 mm/s como o limite designado.

14.2.9 QUESTÕES SOBRE GUIAMENTO MANUAL DO ROBÔ

1. O operador usa um dispositivo para transmitir comandos ao robô?
2. Uma parada de proteção monitorada deve ocorrer quando o operador entra na área de atuação do robô?
3. Existem tecnologias auxiliares para operação do robô pelo operador, tais como amplificação de força, zonas de segurança virtual e tecnologias de rastreamento?

4. O robô utiliza velocidade monitorada segura?
5. A segurança do operador depende da amplitude de movimento do robô? Se sim, o robô utiliza eixo *soft* e determinação de limite de espaço com segurança?
6. O sistema de robôs está pronto para orientação manual quando entra no espaço de trabalho colaborativo e emite uma parada monitorada de segurança?
7. O operador pode então entrar no espaço de trabalho colaborativo?
8. O operador toma o controle do sistema de robô e desativa a parada de proteção monitorada. Ele executará a orientação manual?
9. Como ocorre a desativação da parada controlada?
10. Quando o operador liberar o dispositivo de guia, será emitida uma parada de segurança monitorada?
11. Quando o operador saiu do espaço de trabalho colaborativo, o sistema do robô pode retomar a operação não colaborativa?
12. O *pendant* ou o dispositivo de controle de *teaching* tem uma função de parada de emergência de acordo com o item 5.5.2 da norma ISSO 10218-1:2011?
13. O sistema de robô tem um dispositivo de habilitação conforme a ISO 10218-1, 5.8.3?

14.2.10 QUESTÕES SOBRE MONITORAMENTO DE VELOCIDADE E SEPARAÇÃO DO ROBÔ

Neste método de operação, o sistema robótico e o operador podem se mover simultaneamente no espaço de trabalho colaborativo. A redução de risco é alcançada mantendo-se uma distância de separação protetora entre o operador e o robô em todos os momentos.

1. Durante a movimentação do robô, o sistema deste nunca se aproxima do operador além a distância de separação protetora?
2. Quando a distância de separação diminui para um valor abaixo da distância de separação protetora, o sistema do robô realiza uma parada? Qual tipo de parada?

3. Quando o operador se afasta do sistema do robô, esse sistema pode retomar o movimento automaticamente de acordo com os requisitos desta cláusula, mantendo ao menos a distância de separação protetora?
4. Quando o sistema do robô reduz sua velocidade, a distância de separação protetora diminui de forma correspondente?
5. O robô trabalha com velocidade controlada conforme a ISO 10218-1:2011, 5.6.4?
6. O robô tem uma ou várias funções de parada monitorada habilitada?
7. Se a segurança do operador depender da limitação da amplitude de movimento do robô, ele deve estar equipado com classificação de segurança para limite de amplitude dos eixos e configuração de limite de espaço. Ele está?
8. O sistema de monitoramento de velocidade e separação deve atender aos requisitos do item 5.2 da norma.
9. O sistema de monitoramento de velocidade e de separação é aplicado a todas as pessoas que estão dentro do espeço colaborativo?
10. Se o desempenho do sistema de monitoramento de velocidade e limite de espaço tiver relação ou for estipulado, existe controle do número de pessoas que devem estar dentro do espaço colaborativo?
11. Caso o valor máximo limitado pelo número de pessoas que podem estar dentro da célula for excedido, ocorre uma parada de proteção monitorada ou parada de segurança?
12. Essas regras estão incluídas no manual de usuário?
13. Com relação à distância de segurança entre ferramenta na mão do robô e o operador cair abaixo do limite de segurança:
14. Ocorre uma parada de proteção?
15. Ocorre o desligamento da ferramenta na mão do robô?
16. Ocorre uma parada de segurança e o desligamento do robô? Se sim, como ocorrer a reativação do robô? Ele sofre *reset*? Essas informações estão no manual do usuário?
17. Existem medida programadas na configuração do robô que o impeça de violar a distância de segurança?
18. Quais as medidas de segurança adicionadas nessa configuração?

QUESTÕES RELACIONADAS À APRECIAÇÃO DE RISCOS

19. Essas informações estão documentadas no manual do usuário?
20. Ocorre uma parada de proteção?
21. Valores constantes e variáveis de velocidade e separação, os valores de velocidades máximas permitidas e as distâncias mínimas de separação de proteção em uma aplicação podem ser variáveis ou constantes. Perda ou variações de potência resultam em perigo?
22. Ao reiniciar a aplicação da energia ao robô, essa ação não deve levar a qualquer movimento. Ocorre algum movimento?
23. A aplicação com robôs foi projetada de modo que a perda ou mudança de energia elétrica, hidráulica, pneumática ou de vácuo não resulte em perigo?
24. Se houver riscos que não sejam protegidos pelo projeto, quais outras medidas de proteção foram tomadas para a segurança e proteção contra esses riscos? Esses perigos estão desprotegidos do uso esperado? Eles foram identificados e documentados no manual do usuário?
25. Qual a distância de separação adotada como limite de separação entre o robô e o operador?
26. Existe um limite de velocidade a ser imposta ao operador? Essas informações estão no manual do usuário?

14.2.11 LIMITAÇÃO DA FORÇA E DA POTÊNCIA DO ROBÔ

O contato físico entre o sistema robótico, inclusive da peça de trabalho, garra, e uma pessoa (operador) pode ocorrer intencional ou inadvertidamente. A necessária segurança é conseguida pela limitação da potência e da força para valores considerados seguros para evitar ferimentos ou ameaças. A colaboração com potência e força limitada requer robôs especialmente desenvolvidos para esse modo de funcionamento. A especificação técnica ISO/TS 15066 inclui valores máximos (limites de esforço biomecânicos), que não podem ser excedidos na colisão do robô com membros do corpo.

1. Ocorre contato intencional e não intencional com o robô?
2. O robô usado na aplicação é colaborativo?

3. Existe documentação de como é feita a redução de risco e de velocidade? E de força?
4. Situações de contato entre o operador e o robô fazem parte da aplicação?
5. Pode existir situação de contato que não está prevista?
6. Existem modos de falha ou situação de falha que levem ao contato com o robô?

14.2.12 RELAÇÃO *QUASI-STATIC*

1. Existe situações de presamento ou esmagamento?
2. Quando ocorrer a situação, qual a medida de segurança tomada?

14.2.13 RELAÇÃO *TRANSIENT* (IMPACTO DINÂMICO)

1. Existe condição de impacto?
2. Quando ocorrer a situação, qual a medida de segurança tomada?
3. O robô retrai imediatamente?

14.2.14 COM RELAÇÃO AO IMPACTO

1. Existe controle de força?
2. Existe controle de velocidade?
3. Existe controle de potência?
4. Existe controle de impulso?
5. Existe documentação sobre esses pontos nos manuais de usuário?
6. Existe treinamento específico para trabalhador?
7. Existe documentação de testes realizados?
8. Qual a menor área de contato do *end-effector* em caso de colisão com o operador? A área deve estar em centímetros quadrados.
9. Qual a massa de cada eixo (kg)?

10. Qual a massa do *end-effector*?
11. Qual a massa do *load*?

14.3 MANUAIS DE TREINAMENTO

Os manuais devem conter as seguintes informações:

1. Como operar o robô neste modo de trabalho.
2. Atenção para o posicionamento seguro em relação ao robô.
3. Postura do operador nunca sob cargas pesadas ou sob braço do operador.
4. Visão desobstruída de todo o espaço de trabalho colaborativo (por exemplo, pessoas adicionais que entram no espaço de trabalho colaborativo).
5. Apresentação e entendimento do operador sobre como trabalham os vários eixos do robô, para evitar impactos ou esmagamentos.
6. A direção do movimento do robô e da operação final deve ser intuitivamente compreensível e controlável a partir do dispositivo guia manual.
7. Transições entre operações manuais e outros tipos de operações.
8. Existem outras formas de operação que gerem risco ao operador?
9. Todas as formas de operação devem ser observadas, documentadas e respaldadas com *ticket* de configuração e senha de acesso a *layers* de configuração do software de controle do robô.
10. Nas transições entre modos de operação do robô, podem ocorrer movimentos inesperados do robô?
11. Entre transições de modo de operação do robô, como é a ação de saída do operador da área colaborativa?
12. Durante todas as operações e modos de operação do robô, a mão do robô é observada e documentada com atenção para esse aspecto que é de extrema importância e mais alto risco?
13. Todas as etapas entre habilitação e desabilitação da parada monitorada para acesso ao robô e seus riscos estão documentadas?

CONCLUSÃO

Para substituir os processos de montagem manuais, surge a colaboração entre homem e máquina, e isso possibilita melhorias na ergonomia dos postos de trabalho, onde se pretende ter uma elevada produtividade. No futuro, o homem e a máquina trabalharão ainda mais estreitamente nas aplicações de automatização que requerem grande interação.

Existem quatro modos de operação colaborativa, embora o único modo pelo qual homem e robô podem compartilhar o mesmo espaço de trabalho simultaneamente seja o modo de limitação de potência e força (PFL), que geralmente exige um sistema de comando com funções de segurança específicas e complexas.

Embora seja uma tendência, nem toda aplicação pode funcionar no modo de operação de limitação de potência e força. Os resultados de uma apreciação de riscos em conformidade com a norma ISO 12100 são fundamentais para que se possa determinar quais são as soluções de segurança mais adequadas à aplicação.

A norma ISO 10218-2 determina que as funções de segurança de um sistema robótico estejam, no mínimo, em arquitetura de segurança de Categoria 3 e Nível de Desempenho PLd, em conformidade com os requisitos da ISO 13849-1. Dessa forma, é importante verificar se o fabricante do sistema robótico cumpre esses e outros requisitos. Os limites de força e pressão estabelecidos na ISO/TS 15066 servem como referência para o projeto do sistema robótico, que somente pode ser validado se for submetido a ensaios que comprovem a conformidade com as normas relevantes.

Os produtos e aparelhos existentes no mercado não conseguem satisfazer totalmente os requisitos que se colocam atualmente a uma colaboração homem e máquina segura e desimpedida. O desenvolvimento de novas tecnologias de sensores e robôs, bem como de sistemas de comando inteligentes, é pré-requisito para as aplicações robóticas colaborativas futuras. As aplicações que são hoje em dia resolvidas pela colaboração homem e máquina nunca são iguais.

É inevitável uma avaliação de risco específica, mesmo quando os robôs utilizados foram especialmente desenvolvidos para a interação com o homem. O fato de o fabricante de robôs integrar em seu produto medidas para uma construção segura não dispensa o integrador do sistema de seu dever como fabricante de máquinas de avaliar e reduzir potenciais riscos.

Os fabricantes de sistemas e integradores de sistemas robóticos têm que verificar com atenção as medidas de proteção construtivas levadas a cabo pelos fabricantes de robôs, considerar os restantes perigos e riscos e conceber o sistema robótico de acordo com essa avaliação de risco. Como resultado da avaliação de risco, devem ser implementadas medidas adicionais para reduzir o risco de acordo com a experiência como cortinas de luz de segurança ou scanner a laser de segurança por parte do fabricante de sistemas, de modo a conseguir uma aplicação colaborativa totalmente segura.

BIBLIOGRAFIA

ABNT. ABNT NBR ISO 12100:2013 — Segurança de máquinas — Princípios gerais de projeto — Apreciação e redução de riscos. 2013.

_____. ABNT NBR 14153:2013 – Segurança de máquinas — Partes de sistemas de comando relacionados à segurança — Princípios gerais para projeto. 2013a.

_____. ABNT ISO/TR 14121-2:2018. Segurança de máquinas — Apreciação de riscos — Parte 2: Guia prático e exemplos de métodos. 2018.

_____. ABNT NBR ISO 10218-2:2018. Robôs e dispositivos robóticos — Requisitos de segurança para robôs industriais – Parte 2: Sistemas robotizados e integração. 2018a.

ALLI, Benjamin O. *Fundamental principles of occupational health and safety* (2. ed.). Genebra: International Labour Office, 2008.

BRASIL. Norma Regulamentadora N° 12 — Segurança do trabalho em máquinas e equipamentos. Disponível em: <http://www.trabalho.gov.br/images/Documentos/SST/NR/NR12/NR-12.pdf>. Acesso em: fevereiro de 2020.

_____. Portaria N° 916, de 30 de julho de 2019. Disponível em: <http://www.trabalho.gov.br/images/NRs/portaria-n-916-nr-12-anexos.pdf>. Acesso em: Janeiro de 2020.

_____. Métodos de avaliação de risco e ferramentas de estimativa de risco utilizados na Europa considerando Normativas Europeias e o caso brasileiro. 2015. Disponível em: <http://sectordialogues.org/sites/default/files/acoes/documentos/risco_mte.pdf>. Acesso em: fevereiro de 2019.

CARDELLA, Benedito. *Segurança no trabalho e prevenção de acidentes.* 2. ed. São Paulo: Atlas, 2016.

FFONSECA. Soluções de segurança para colaboração inteligente homem-robô. 2017. Disponível em: <https://www.ffonseca.com/pt/novidades-solucoes-de-seguranca-para-colaboracao-inteligente-homem-robo>. Acesso em: dezembro de 2020.

FUNDACENTRO. Estratégia Nacional para Redução dos Acidentes do Trabalho 2015 – 2016. Brasília, 2015. Disponível em: <http://www.anamt.org.br/site/upload_arquivos/legislacao_2016_14120161355237055475.pdf>. Acesso em: abril de 2020.

IBM. O que é análise de big data? Disponível em: <https://www.ibm.com/br-pt/analytics/hadoop/big-data-analytics>. Acesso em: dezembro de 2020.

International Electrotechnical Commission. Functional safety: Essential to overall safety. 2015. Disponível em: <http://www.iec.ch/about/brochures/pdf/technology/functional safety.pdf>. Acesso em: outubro de 2019.

_____. IEC 61508 – Functional safety of eletrical/eletronic/programmable eletronic safety-related systems. 2010.

_____. IEC 61511:2018 – Functional safety – Safety instrumented systems for the process industry sector – ALL PARTS. 2018.

_____. IEC 61131-3:2013 – Programmable controllers – Part 3: Programming languages. 2013.

_____. IEC 62061:2005+A1:2012+A2:2015 – Safety of machinery – Functional safety of safety-related electrical, electronic and programmable electronic control systems. 2015.

International Organization for Standardization. ISO 13849-1:2015 – Safety of machinery – Safety-related parts of control systems – Part 1: General principles for design. 2015.

ISO. ISO/TS 15066:2016 – Robots and robotic devices – Collaborative robots. 2016.

MAIA, André L. et al. Acidentes de trabalho no Brasil em 2013: comparação entre dados selecionados da Pesquisa Nacional de Saúde do IBGE (PNS) e do Anuário Estatístico da Previdência Social (AEPS) do Ministério da Previdência Social. 2015. Disponível em: <http://www.fundacentro.gov.br/arquivos/projetos/estatistica/boletins/boletimfundacentro1vfinal.pdf>. Acesso em: maio de 2019.

Ministério da Fazenda. Secretaria da Previdência. Instituto Nacional do Seguro Social. Anuário estatístico da previdência social (AEPS) 2017. Disponível em: <http://sa.previdencia.gov.br/site/2019/03/AEPS-2017-13-03-19.-1.pdf>. Acesso em: maio de 2019.

BIBLIOGRAFIA

OH, Se. Conheça os gêmeos digitais, tecnologia que pode revolucionar o mundo. 2019. Disponível em: <https://canaltech.com.br/curiosidades/conheca-os-gemeos-digitais-tecnlogia-que-pode-revolucionar-o-mundo-151145>. Acesso em: dezembro de 2020.

ROBOTIQ. Safe Human-Robot Coworking. 2016. Disponível em: <https://us.vcdn.net/6027406/uploads/editor/3i/ugj9v4dk8jaq.pdf>. Acesso em: dezembro de 2020.

ANDRION, Roseli. Realidade aumentada: você sabe o que é? 2019. Disponível em: <https://olhardigital.com.br/2019/06/29/noticias/realidade-aumentada-voce-sabe-o-que-e>. Acesso em: dezembro de 2020.

SANTOS JUNIOR, Joubert R.; ZANGIROLAMI, Márcio J. *NR-12 – Segurança em máquinas e equipamentos – Conceitos e aplicações*. Ed. Érica, 2015.

SERVIÇO SOCIAL da Indústria, Departamento Nacional. Confederação Nacional da Indústria. NR 12. Comentários ao novo texto geral (Portaria n° 916, de 30/07/19). Brasília: 2019. Disponível em: <http://abimaq.org.br/Arquivos/HTML/Documentos/NR12/NR12_COMENTADA_Portaria%20916%20de%2030%2007%202019.pdf>. Acesso em: julho de 2020.

SÉ, Rogério. Engenharia de produção: Desafio da manufatura avançada no Brasil – Indústria 4.0. 2017. Disponível em: <http://www.faculdademax.edu.br/eng-de-producao-desafio-damanufatura-avancada-no-brasil-industria-4-0/>. Acesso em: dezembro de 2020.

SILVA, Ana Maria L. *et al.* Análise de políticas públicas para redução de acidentes de trabalho relacionados ao uso de máquinas e equipamentos. XXXVIII Encontro nacional de engenharia da produção. Joinville, 2017. Disponível em: <http://www.abepro.org.br/biblioteca/TN_STO_241_399_33379.pdf>. Acesso em: junho de 2019.

SIMPSON, Kenneth G.; SMITH, David J. *The Safety Critical Systems Handbook – A Straightforward Guide to Functional Safety: IEC 61508 (2010 Edition), IEC 61511 (2015 Edition) and Related Guidance*. 4. ed. Elsevier, 2016.

UNITED STATES DEPARTMENT OF LABOR. Norma OSHA 29 CFR 1910.147 – The control of hazardous energy (lockout/tagout).

APÊNDICE: EXERCÍCIOS PROPOSTOS

CAPÍTULO 1

1. **Cite algumas facilidades decorrentes da interação da robótica no chão de fábrica?**

   A capacidade de trabalhar sem supervisão ou intervenção humana, interagindo de forma inteligente também com outras máquinas. Os robôs trabalham de forma rápida, precisa e segura e realizam uma série de tarefas que têm um impacto relevante na redução de custos do processo produtivo de forma geral.

2. **Qual a vantagem estratégica da manufatura aditiva?**

   Possibilita maior flexibilidade para a produtividade e a capacidade de impressão de desenhos complexos, e atende à customização de itens, o que antes não era viável.

3. **Como a simulação pode ajudar a área de segurança do trabalho?**

   A simulação pode trazer análises de estresse físico do trabalhador executando oito horas por dia suas tarefas, ajudando na tomada de decisões para a implantação de rotatividade do operador em período estimado para evitar uma doença relacionada ao trabalho.

4. **Como a computação na nuvem pode contribuir para os sistemas produtivos?**

   Por meio da informação atualizada em tempo real. Os sistemas de produção precisam de informações confiáveis em tempo real para a tomada de decisão. Em última instância, qualquer atraso ou falha pode levar a aumentos nos custos, perda de participação de mercado e queda do lucro.

5. **Cite um benefício do processo de digitalização do processo produtivo?**

APÊNDICE: EXERCÍCIOS PROPOSTOS

A digitalização do processo produtivo contribui para a tomada de decisões dentro das indústrias, visando descoberta de gargalos de fabricação, possibilidade de economia energética, otimização de tempo de preparação de máquinas, atualização do estoque de insumos dentro de limites aceitáveis para investimentos de recursos e otimização de aplicações.

CAPÍTULO 2

1. **Qual NR trata de atividades insalubres?**
   NR 15.
2. **Qual NR trata de ergonomia?**
   NR 17.
3. **Qual NR trata de trabalho em altura?**
   NR 35.
4. **Qual NR trata de sinalização de segurança?**
   NR 26.
5. **Qual NR trata de segurança de máquinas? Quando essa norma foi atualizada pela última vez? Mencione uma das mudanças.**
   NR 12. A nova versão da norma (2019) passa a considerar, em conformidade com a NR 12, as máquinas nacionais ou importadas fabricadas que atendam aos requisitos de segurança e às orientações sobre os princípios de projeto e integração de partes de sistemas de comando relacionados à segurança, de acordo com a norma NBR ISO 13849-1.

CAPÍTULO 3

1. **Como é o sistema robótico descrito na Parte 2 da norma ISO 10218?**
   O sistema é composto por um robô industrial, o seu operador terminal, bem como quaisquer peças de máquina, sistemas, aparelhos, eixos auxiliares externos e sensores que apoiam o robô na execução das suas tarefas.
2. **Cite um requisito básico do projeto de aplicações colaborativas?**

O espaço de trabalho do robô deve prever uma distância mínima para as áreas acessíveis adjacentes, onde o trabalhador possa correr o risco de ser esmagado ou apertado. Se isso não for possível, devem ser utilizados dispositivos de proteção adicionais.

3. **Quais os modos de funcionamento colaborativo segundo a ISO/TS 15066?**

    Parada de segurança vigiada do robô; guiamento manual do robô; limitação da força e da potência do robô; monitoramento da distância e da velocidade do robô.

4. **Explique um dos modos de funcionamento colaborativo segundo a ISO/TS 15066.**

    Monitoramento da distância e da velocidade do robô: a velocidade e a trajetória dos percursos de movimentação do robô são monitoradas e adaptadas em função da velocidade e da posição do operador no espaço protegido.

5. **Os modos de funcionamento podem ser combinados?**

    No caso de aplicações colaborativas, devem ser escolhidos um ou a combinação de vários métodos dos que foram aqui apresentados, dependendo da aplicação.

CAPÍTULO 4

1. **Quais normas se relacionam com a NR12 no que diz respeito a robótica?**

    Os sistemas robóticos que obedeçam às prescrições das normas ABNT ISO 10218-1, ABNT ISO 10218-2, da ISO/TS 15066 e demais normas técnicas oficiais ou — na ausência ou omissão destas — nas normas internacionais aplicáveis estão em conformidade com os requisitos de segurança previstos na NR 12.

2. **Do que trata a norma ISO 12100?**

    Segurança de máquinas — Princípios gerais de projeto — Apreciação e redução de riscos (do inglês *Safety of Machinery — General Principles for Design — Risk Assessment and Risk Reduction*).

3. **Do que trata a norma ISO 10218-1? E a ISO 10218-2?**

   Robôs e dispositivos robóticos — Requisitos de segurança para robôs industriais — Parte 1: robôs (do inglês *Robots and robotic devices — Safety requirements for industrial robots — Part 1: Robots*) e Robôs e dispositivos robóticos — Requisitos de segurança para robôs industriais — Parte 2: sistemas robóticos e integração (do inglês *Robots and robotic devices — Safety requirements for industrial robots — Part 2: Robot systems and integration*).

4. **Do que trata a norma ISO/TS 15066?**

   Robôs e dispositivos robóticos — Robôs colaborativos (do inglês *Robots and robotic devices — Collaborative robots*).

5. **Do que trata a norma ABNT NBR 13855?**

   Segurança de máquinas — Posicionamento dos equipamentos de proteção com referência à aproximação de partes do corpo humano.

CAPÍTULOS 5 E 6

1. **O que é uma norma tipo A?**

   As normas desse tipo são normas de segurança de conteúdo genérico, cujo conteúdo fornece conceitos básicos, princípios para projeto e aspectos gerais para aplicação em máquinas.

2. **Dê um exemplo de norma tipo A.**

   NBR ISO 12100.

3. **O que é uma norma tipo B?**

   São as normas de segurança que abordam aspectos mais específicos, tratando, por exemplo, de um dispositivo de proteção que pode ser utilizado em uma grande variedade de máquinas.

4. **Dê um exemplo de norma tipo B.**

   NBR 14153.

5. **O que é uma norma do tipo C?**

   Normas que abordam requisitos detalhados de segurança para uma máquina, equipamento ou grupo de máquinas em particular.

6. **Dê um exemplo de norma tipo C.**
   ISO/TS 15066

CAPÍTULO 7

1. **A norma NBR ISO 12100 trata de qual tema?**

   Segurança de máquinas — Princípios gerais de projeto — Apreciação e redução de riscos. A norma evidencia a necessidade de gerar documentação de todo o processo de apreciação e redução de risco para demonstrar o procedimento que foi seguido.

2. **Conceitue estimativa de risco.**

   É a definição da provável gravidade de um dano e a probabilidade de sua ocorrência.

3. **Conceitue análise de risco.**

   É a combinação da especificação dos limites da máquina, identificação de perigos e estimativa de riscos.

4. **Conceitue avaliação de risco.**

   É o julgamento, com base na análise de risco, do quanto os objetivos de redução de risco foram atingidos.

5. **Conceitue apreciação de risco.**

   É o processo completo que compreende a análise de risco e a avaliação de risco.

CAPÍTULO 8

1. **A norma NBR 14153 trata de qual tema?**

   Essa norma específica os requisitos de segurança e estabelece um guia sobre os princípios para o projeto de partes de sistemas de comando relacionadas à segurança.

2. **Conceitue categoria de risco.**

   Classificação das partes de um sistema de comando relacionada à segurança, com respeito à sua resistência a defeitos e seu subsequente comportamento na

APÊNDICE: EXERCÍCIOS PROPOSTOS

condição de defeito, que é alcançada pelos arranjos estruturais das partes e/ou por sua confiabilidade.

3. **Defina defeito.**

    Estado de um item caracterizado pela inabilidade de desenvolver a função requerida, excluindo a inabilidade durante manutenções preventivas ou outras ações planejadas, ou devido à perda de recursos externos.

4. **Defina pausa.**

    Suspensão temporária automática da(s) função(ões) de segurança por partes do sistema de comando relacionadas à segurança.

5. **Defina rearme manual.**

    É a função com que as partes de um sistema de comando relacionadas à segurança recuperam manualmente suas funções de segurança antes do reinício de operação da máquina.

CAPÍTULO 9

1. **Qual o objetivo principal de uma apreciação de risco?**

    Identificar os perigos, estimar e avaliar os riscos para que eles possam ser reduzidos.

2. **Quais os dois principais elementos do risco?**

    Gravidade do dano e probabilidade de sua ocorrência.

3. **Quais são as categorias de risco?**

    B, 1, 2, 3 e 4.

4. **O que significa MTTF?**

    É a expectativa do tempo médio para falhas que podem ter como consequência a perda da função de segurança.

5. **Qual a unidade de tempo usada para representar do MTTF?**

    Anos.

CAPÍTULO 10

1. **O que é o SIL da norma IEC 61508? E o PL da norma ABNT NBR ISO 13849-1?**

- **SIL:** É o parâmetro de projeto-chave que especifica a medida de redução de risco que um equipamento de segurança requer para alcançar uma função particular. O SIL é um nível discreto (de um a quatro) para a especificação dos requisitos de integridade das funções instrumentadas de segurança. O nível SIL 4 é o nível mais alto, e SIL 1 é o mais baixo.
- **PL:** Quanto maior o risco, maiores são as exigências para os sistemas de comando. A situação de perigo é dividida em cinco níveis de desempenho (PL — do inglês *Performance Level*), de PL *"a"* (baixo) até PL *"e"* (alto).

2. **Como devem ser avaliados os riscos de acordo com a norma ABNT NBR ISO 13849-1?**

A metodologia para a avaliação de riscos definida pela norma tem como objetivo determinar o PL requerido (PLr) e utiliza um gráfico de risco onde são levados em consideração os seguintes parâmetros:

- Severidade do ferimento (S)
- Frequência ou tempo de perigo (F)
- Possibilidade de evitar o perigo (P)

3. **Cite exemplos de aspectos que devem ser levados em consideração na identificação e especificação das funções de segurança conforme a norma ABNT NBR ISO 13849-1.**

- Os resultados da avaliação de riscos para cada perigo específico ou situação perigosa.
- As características de operação da máquina, incluindo o uso pretendido da máquina e o mau uso previsível.
- Os modos de operação.
- O tempo de ciclo e o tempo de resposta.
- A operação de emergência.

APÊNDICE: EXERCÍCIOS PROPOSTOS

- A descrição da interação de diferentes processos de trabalho e atividades manuais, tais como reparo, configuração, limpeza, solução de problemas etc.

4. **Cite um exemplo de função de segurança conforme a norma ABNT NBR ISO 13849-1.**

   Função de parada relacionada à segurança: uma função de parada relacionada à segurança deve colocar a máquina em um estado seguro, sendo que essa parada deve ter prioridade sobre uma parada por razões operacionais. Quando um grupo de máquinas estiver trabalhando em conjunto de maneira coordenada, devem ser tomadas providências para sinalizar a supervisão e/ou as outras máquinas de que existe uma condição de parada.

5. **Quais são as categorias definidas pela norma ABNT NBR ISO 13849-1?**

   Categorias B, 1, 2, 3 e 4. As categorias são relacionadas com a classificação das partes de um sistema de comando relacionadas à segurança no que diz respeito à sua resistência a defeitos e seu subsequente comportamento na condição de defeito.

CAPÍTULO 11

1. **Existe relação entre o PL (*Performance Level*) da norma ISO 13849-1 e o SIL (*Safety Integrity Level*) das normas IEC 61508 e IEC 62061?**

   Sim.

Nível de Performance (PL) ISO 13849-1	Probabilidade de falha perigosa por hora	SIL (IEC 61508 e IEC 62061)
A	$\geq 10^{-5} ... < 10^{-4}$	–
B	$\geq 3 \times 10^{-6} ... < 10^{-5}$	1
C	$\geq 10^{-6} ... 3 \times 10^{-6}$	1
D	$\geq 10^{-7} ... 10^{-6}$	2
E	$\geq 10^{-8} ... < 10^{-7}$	3

2. **Do que trata a norma IEC 62061?**

A norma IEC 62061:2005+A1:2012+A2:2015 — Segurança de máquinas — Segurança funcional de sistemas de controle relacionados à segurança de elétricos, eletrônicos e eletrônicos programáveis (do inglês *Safety of machinery — Functional safety of safety-related electrical, electronic and programmable electronic control systems*) especifica requisitos e fornece recomendações para o projeto, integração e validação de sistemas de controle de elétricos, eletrônicos e eletrônicos programáveis.

3. **Cite duas normas que são referenciadas pela IEC 62061.**

▶ IEC 61508-3, Segurança Funcional de Sistemas Elétricos/Eletrônicos/Programáveis — Parte 3: Requisitos de software (do inglês *Functional safety of electrical/electronic/programmable electronic safety-related systems – Part 3: Software requirements*).

▶ ISO 12100: 2010, Segurança de máquinas — Princípios gerais de projeto — Avaliação e redução de riscos (do inglês ISO 12100:2010, *Safety of machinery — General principles for design — Risk assessment and risk reduction*).

4. **Quais itens são levados em consideração na análise de riscos de acordo com a norma IEC 62061?**

▶ Gravidade da lesão.

▶ Frequência e duração da posição do perigo.

▶ Probabilidade da ocorrência de um evento gerador de perigo.

▶ Possibilidade de evitar ou limitar o dano.

5. **Como devem ser feitas as avaliações de riscos de acordo com a norma IEC 62061?**

As avaliações na norma IEC 62061 são feitas para cada risco individual, e o resultado da avaliação é o nível de integridade de segurança (SIL) necessário para cada um dos riscos individuais.

APÊNDICE: EXERCÍCIOS PROPOSTOS

CAPÍTULO 12

1. **Qual a classificação da norma ISO 10218-1 quanto ao seu tipo?**

    É uma norma tipo C.

2. **Com relação à prioridade, a norma do tipo C tem prioridade sobre as normas tipo B e A?**

    Sim. Os requisitos de uma norma tipo C têm prioridade sobre os requisitos das outras normas, Tipo A e B, para máquinas que foram projetadas e construídas de acordo com os requisitos da norma tipo C.

3. **Qual parte da norma ISO 10218 trata de prover orientações para garantir a segurança no projeto e construção do robô?**

    A parte 1 da norma.

4. **Do que trata a norma ABNT NBR ISO 10218-2?**

    A norma ABNT NBR ISO 10218-2 provê diretrizes para a segurança das pessoas durante a integração, instalação, ensaios funcionais, programação, operação, manutenção e reparo do robô.

5. **Qual é o significado de envelope padrão em robótica?**

    É a definição de área de trabalho do robô onde se limita o alcance de seus movimentos.

6. **Quais podem ser as medidas técnicas para redução de risco?**

    - Minimizar ou extinguir os perigos por meio do projeto ou da mudança dele.
    - Impedir que os operadores entrem em contato com os perigos.
    - Buscar um estado seguro por meio do controle dos perigos antes que o operador possa entrar em contato com estes.
    - Reduzir o risco durante intervenções.

7. **Como podem ser divididos os itens da apreciação de risco?**

    1. Determinação dos limites do sistema robotizado.
    2. Identificação de perigos.
    3. Estimativa de risco.
    4. Avaliação de risco.

8. **Como definir o espaço de trabalho colaborativo?**

    O espaço de trabalho colaborativo onde o(s) operador(es) possa(m) interagir diretamente com o robô deve ser claramente definido, por exemplo, por meio de marcação, sinalização no piso etc.

9. **Cite alguns métodos de validação.**

    - Inspeção visual.
    - Ensaios práticos.
    - Medição.
    - Observação durante a operação.
    - Revisão de desenhos esquemáticos, diagramas de circuitos e material de projeto específicos da aplicação.
    - Revisão do software e/ou documentação do software da aplicação de segurança.
    - Revisão da apreciação de riscos com base na tarefa.
    - Revisão das especificações e informações de uso.

CAPÍTULO 13

1. **Qual é a relação entre as normas ISO/TS 15066 e ISO 10218?**

    A especificação técnica ISO/TS 15066:2016 esclarece os requisitos de segurança para sistemas de robôs industriais colaborativos e o ambiente de trabalho e complementa os requisitos e orientações sobre a operação colaborativa de robôs industriais fornecidos na ISO 10218-1 e ISO 10218-2.

2. **Cite dois exemplos de normas referenciadas pela ISO/TS 15066.**

    ISO 12100 — *Safety of machinery — General principles for design — Risk assessment and risk reduction*; ISO 13850 — *Safety of machinery — Emergency stop function — Principles for design*.

3. **Cite três exemplos de perigos relacionados ao sistema robótico.**

    - Operador terminal e peça de trabalho perigosas, incluindo a falta de design ergonômico, arestas vivas, perda da peça de trabalho, saliências, trabalho com trocador de ferramentas.

APÊNDICE: EXERCÍCIOS PROPOSTOS

- Localização e movimentação do operador com respeito ao posicionamento das peças, orientação e estrutura (suporte de montagem, paredes, dispositivos).
- Projeto ergonômico deficiente.

4. **Quais os métodos que podem ser incluídos nas operações colaborativas?**
   - Parada monitorada com classificação de segurança.
   - Guia manual.
   - Monitoramento de velocidade e separação.
   - Limitação de potência e força.

5. **Explique um dos métodos citados na questão anterior.**

   Parada monitorada com classificação de segurança é o recurso de robô de parada monitorada com classificação de segurança e é usado para cessar o movimento do robô no espaço de trabalho colaborativo antes que um operador entre no espaço de trabalho colaborativo para interagir com o sistema do robô e completar uma tarefa (por exemplo, carregamento na operação final (mão do robô).

CAPÍTULO 14

1. **Explique o significado do termo colaboração.**

   Em determinadas aplicações, é, porém, necessário que o homem e o robô ativo interajam ao mesmo tempo em um espaço de trabalho comum. Nesses cenários, designados por colaborativos a força, a velocidade e as trajetórias do robô têm de ser limitadas.

2. **Cite quatro exemplos de questões que devem servir como base para o projeto de áreas de trabalho colaborativas.**
   - Existe projeto do espaço colaborativo?
   - Existem limites para a área de trabalho colaborativa (área pintada, isolamento)?
   - Existe a possibilidade de prisão do operador na área colaborativa?

CONTROLE DE RISCOS OCUPACIONAIS NA INDÚSTRIA 4.0

▶ Existem pontos de esmagamento de corpo inteiro ou de partes do corpo do operador pelo robô?

3. **Cite quatro exemplos de questões sobre operação segura de robôs de acordo com a norma ISO/TS 15066.**

▶ Já existe a descrição das tarefas, incluindo a formação e as qualificações exigidas de um operador?

▶ Pode ocorrer erro ou uso indevido do robô (intencional ou não intencional) pelo operador?

▶ É frequente e prolongada a presença do operador na área de trabalho colaborativa, ou seja, com a movimentação do sistema robótico (montagem colaborativa com dispositivos externos)?

▶ A reinicialização do sistema robótico após o término da operação colaborativa é manual ou automática?

4. **Cite três exemplos de questões sobre a parada e a partida de robôs.**

▶ Existe um levantamento de todas as necessidades de parada de emergência?

▶ O operador tem meios para impedir os movimentos do robô?

▶ Existe dispositivo de parada de emergência?

5. **Cite dois exemplos de questões sobre a limitação de força e potência de robôs.**

▶ Existe documentação de como é feita a redução de risco e de velocidade? E de força?

▶ Situações de contato entre o operador e o robô fazem parte da aplicação?

6. **Cite dois exemplos de questões a respeito dos manuais de treinamento para trabalho com robôs colaborativos.**

▶ Podem ocorrer movimentos inesperados do robô nas transições entre modos de operação?

▶ Como é a ação de saída do operador da área colaborativa entre transições de modo de operação do robô?

ÍNDICE

A

acionamento simultâneo, 196

ambiente estático, 177

análise de risco, 65

aplicação colaborativa, 145

aposentadoria por invalidez, 2

apreciação de riscos, 66–67, 70, 74

  da máquina, 193

área colaborativa, 152

árvore de decisão, 98

automação industrial aplicada em conjunto, 171

avaliação de riscos, 66, 72

C

circuito relevante, 191

cobertura de diagnóstico, 107

código de acesso, 195

colaboração com potência e força limitada, 40

comando

  bimanual, 61, 185

  de parada, 116

comissões oficiais para desenvolvimento de normas técnicas, 49

componente bem ensaiado, 86

computação em nuvem, 11–12, 218

conceito de segurança, 113

Confederação Nacional da Indústria (CNI), 5

Consolidação das Leis do Trabalho, 54

Constituição Federal, 54

contato transitório, 167, 168

controle

  bimanual, 195–196

de habilitação, 196–197

de velocidade reduzida de segurança, 204

customização em massa, 12

D

design

do hardware e software, 130

mecânico do sistema robô, 165

determinação dos limites da máquina, 72

digitalização do processo produtivo, 219

dimensionamento de sistemas de segurança, 103

dispositivo

de comando sem retenção, 191

de guia, 159

de parada de emergência, 154

guia do robô, 151

dispositivos

de comutação eletromecânicos, 194

de intertravamento, 61

de proteção, 37, 61

optoeletrônicos, 25, 172

limitadores, 201

distância

de segurança, 60

de separação de proteção, 160, 162

distúrbio osteomuscular relacionado ao trabalho (DORT), vii

E

envelope padrão, 227

equipamentos de proteção individual (EPI), 165, 182

ergonomia, 182

espaço de trabalho colaborativo, 156–157, 159

espécie B31, benefício, 2

estado seguro, 110

estimativa de riscos, 65, 72

estratégias de automação industrial, 170

evento gerador de perigo, 132

F

flexibilidade na linha de produção, 19

forças quasistáticas, 166

fração de falha segura (SFF), 131

função de velocidade monitorada, 158

funcionamento colaborativo, 38

G

gêmeo digital, 15

gestão de risco ocupacional, v

gráfico de risco, 98, 101

graus de severidade, 96

ÍNDICE

H

habilitação de dispositivo de função de parada, 154
hierarquia da legislação, 51

I

identificação dos perigos, 72
impacto dinâmico, 164
inspeção rotineira, 181
Instituto Nacional do Seguro Social (INSS), 2
inteligência
    Artificial (IA), 17–18
    de Dados, 21
interfaces software-usuário, 3
Internet das Coisas (IoT), 8–9, 21
intervalo de ensaio de prova, 203

L

lesão por esforço repetitivo (LER), vii
limitação
    da amplitude de movimento do robô, 206
    de potência e força (PFL), 211
limites
    de esforço biomecânicos, 40, 207
    de velocidade, 207
    ergonômicos e biomecânicos, 167
linguagem acessível, 65

M

manufatura
    aditiva, 1, 218
    avançada, 1, 3
marketing digital, 13
matriz de risco, 96
medidas
    de proteção adequadas, 76
    de redução de risco, 165
modernização do processo fabril, vii
Modo de Falha e Análise de Efeitos, 107

N

nível de integridade de segurança (SIL), 127, 131, 226
normas
    brasileiras e internacionais, 51
    de segurança de conteúdo genérico, 60

O

Organização Internacional do Trabalho (OIT), 2

P

parada
    de emergência, 61, 193
    de proteção, 153, 158
partida
    e reinício de movimento, 83

inesperada, 60

perigos razoavelmente previsíveis, 74

planta da indústria, 44

prensas mecânicas, 61

processo de redução de riscos, 135

programação teaching, 142–143

projeto

de controle do sistema robótico, 165

ergonômico deficiente, 151

provisão de pendência de controle, 154

R

realidade aumentada, 14

rearme manual, 82–83

redução

de paradas, 8

de riscos, 67

relação entre normas, 45, 49

robô

colaborativo, vii, 3, 44, 153

industrial, 61

S

segurança

cibernética, 9–10

da informação, 9

de sinais de comando, 82

do trabalho, 10

em projetos de máquinas, 64

na aplicação de robôs industriais, 138

well-tried, 111–112

silenciamento, 117

sistema

de comando, 81–82

da máquina, 87

segurança do, 84

de integração universal, 13–14

de manufatura integrada, 141

sistemas eletrônicos programáveis, 104

software

de aplicação, 119

embarcado, 118–119

solicitação da função de segurança, 202

soma de verificação, 203

T

tecnologia de impressão 3D, 7

tempo médio para falhas perigosas de cada canal (MTTFd), 108–111

tolerância a falhas de hardware (HFT), 131

tomada de decisões, 3, 10

troca de ferramenta, 75

V

valores limite "pior caso", 167

Z

zona de perigo, 176, 185–186

Projetos corporativos e edições personalizadas
dentro da sua estratégia de negócio. Já pensou nisso?

Coordenação de Eventos
Viviane Paiva
viviane@altabooks.com.br

Assistente Comercial
Fillipe Amorim
vendas.corporativas@altabooks.com.br

A Alta Books tem criado experiências incríveis no meio corporativo. Com a crescente implementação da educação corporativa nas empresas, o livro entra como uma importante fonte de conhecimento. Com atendimento personalizado, conseguimos identificar as principais necessidades, e criar uma seleção de livros que podem ser utilizados de diversas maneiras, como por exemplo, para fortalecer relacionamento com suas equipes/ seus clientes. Você já utilizou o livro para alguma ação estratégica na sua empresa?

Entre em contato com nosso time para entender melhor as possibilidades de personalização e incentivo ao desenvolvimento pessoal e profissional.

PUBLIQUE
SEU LIVRO

Publique seu livro com a Alta Books.
Para mais informações envie um e-mail para: autoria@altabooks.com.br

 /altabooks   /alta-books   /altabooks   /altabooks

CONHEÇA OUTROS LIVROS DA **ALTA BOOKS**

Todas as imagens são meramente ilustrativas.

Este livro foi impresso nas oficinas gráficas da Editora Vozes Ltda.,
Rua Frei Luís, 100 – Petrópolis, RJ.